Rund um den Königssee

Walter Theil

Karten-
Legende
auf den
Umschlag-
klappen

KOMPASS

Wanderführer

Impressum

2. Auflage 2012 Verlagsnummer 5439 ISBN 978-3-85026-229-3

Fotos: Titel und S. 4/5: Wallfahrtskirche St. Bartholomä am Königssee (Titel: Andreas Edelmann © www.fotolia.de, S. 4/5 Richard Woehrl © www.fotolia.de), alle anderen Fotos: Walter Theil
Text: Walter Theil
Grafische Herstellung: wt-BuchTeam, Garching a.d.Alz
Wanderkartenausschnitte: © KOMPASS-Karten GmbH

Alle Angaben und Routenbeschreibungen wurden nach bestem Wissen gemäß unserer derzeitigen Informationslage gemacht. Die Wanderungen wurden sehr sorgfältig ausgewählt und beschrieben, Schwierigkeiten werden im Text kurz angegeben. Es können jedoch Änderungen an Wegen und im aktuellen Naturzustand eintreten. Wanderer und alle Kartenbenützer müssen darauf achten, dass aufgrund ständiger Veränderungen die Wegzustände bezüglich Begehbarkeit sich nicht mit den Angaben in der Karte decken müssen. Bei der großen Fülle des bearbeiteten Materials sind daher vereinzelte Fehler und Unstimmigkeiten nicht vermeidbar. Die Verwendung dieses Führers erfolgt ausschließlich auf eigenes Risiko und auf eigene Gefahr, somit eigenverantwortlich. Eine Haftung für etwaige Unfälle oder Schäden jeder Art wird daher nicht übernommen. Für Berichtigungen und Verbesserungsvorschläge ist die Redaktion stets dankbar. Korrekturhinweise bitte an folgende Anschrift:

Walter Theil, Nikolausstraße 8, 84518 Garching a.d.Alz, Deutschland
Tel.: 0049/(0)8634/689803, Fax: 0049/(0)8634/689804
info@wt-buchteam.de, www.wt-buchteam.de

KOMPASS-Karten GmbH, Karl-Kapferer-Straße 5, 6020 Innsbruck, Österreich
Tel.: 0043/(0)512/2655610, Fax: 0043/(0)512/2655618
kompass@kompass.at, www.kompass.at

Walter Theil

Was macht den Königssee für Sie so besonders?
Wenn ich noch halb verschlafen vom Trompetenspiel aufgeschreckt werde, dann weiß ich, dass ich wieder mal auf einem der Königsseeschiffe unterwegs bin und mich in einer der schönsten Gebirgslandschaften Deutschlands befinde. Wasser und Wald, Felsen und Almen – alles auf kleinstem Raum vereint und jeder findet das, was er sucht.
Kaum einer meiner Bekannten und Freunde, den ich zum Königssee mitgenommen habe und der nicht wieder gekommen ist. Wer einen Aussichtspunkt erreicht hat, hat den nächsten schon im Blick, und es wird ihm nicht anders gehen als mir selbst – man muss dieses Naturidyll von allen Seiten gesehen haben.

Vorwort

Der Königssee im Berchtesgadener Land ist nicht nur eines der touristischen Paradegebiete im deutsch-österreichischen Alpenraum, sondern auch eines der ältesten Schutzgebiete Deutschlands.

Bereits 1910 wurde ein Vorläufer des Naturschutzgebietes Königssee ausgewiesen, heute ist es Teil des Nationalparks Berchtesgaden. Besonders die naturverträgliche Kombination von Naturschutz und Tourismus – zum einen lässt man die Natur, Flora und Fauna sich weitgehend ungestört entwickeln, zum anderen stellt man den Menschen diese Natur zur Erholung zur Verfügung – macht das Gebiet rund um den Königssee zu einem einmaligen Erlebnis.
Kaum ein anderes Gebiet ist so gut wissenschaftlich untersucht, so hervorragend erschlossen und so umfassend mit Informationen über die Zusammenhänge zwischen Mensch und Natur ausgestattet.

Genießen Sie diese herrliche Landschaft, und helfen Sie mit, ihre Ursprünglichkeit zu erhalten

Viel Spaß und viele schöne Tage rund um den Königssee.

Walter Theil

Wasser, Wald und hohe Berge

Inhalt

Länge (in Kilometern)	Höhenmeter Aufstieg	Höhenmeter Abstieg	Parkplatz	öffentliche Verkehrsmittel	Aufstiegshilfe	Abstiegshilfe	Einkehr	Übernachtung unterwegs	Gipfel	Schwindelfreiheit erforderlich	Kinderwagentauglich	Kinderfreundlich	Fahrradtauglich	kulturelle Highlights	Bademöglichkeit	mit Panoramablick	Rundtour
10	80	80	●	●	–	–	●	●	–	–	●	●	○	●	●	–	–
3,75	200	200	●	●	–	–	●	●	–	–	○	●	○	●	●	●	●
7,5	700	700	●	●	–	–	●	–	●	–	–	●	–	–	●	●	–
1	70	70	●	●	●	●	●	–	●	–	–	●	–	–	–	●	–
9,5	780	780	●	●	○	○	●	–	●	–	–	●	–	–	–	●	○
6,5	100	100	●	●	●	●	●	–	–	–	●	●	○	–	–	●	–
3,5	140	140	●	●	●	●	●	●	●	–	–	●	–	–	–	●	●
11	800	800	●	●	–	–	●	●	–	○	–	–	–	–	●	○	–
12	650	650	●	●	–	–	●	●	–	–	–	●	–	–	●	●	–
16	1080	1080	●	●	–	–	●	●	–	–	–	●	–	–	●	●	–
8	230	230	●	●	–	–	●	–	–	–	–	●	–	–	●	●	–
7	740	740	●	●	–	–	●	–	–	●	–	–	–	–	●	●	–
10	800	800	●	●	–	–	●	●	–	●	–	–	–	–	●	●	–
18	1030	1030	●	●	–	–	●	●	–	–	–	●	–	–	●	○	–
12	1080	1080	●	●	–	–	●	●	–	○	–	–	–	–	●	●	–
5,5	60	60	●	●	–	–	●	–	–	–	–	●	–	–	●	●	–
13,5	850	850	●	●	–	–	●	●	–	●	–	–	–	–	●	○	–
10,5	750	750	●	●	–	–	●	–	–	●	–	–	–	–	●	○	–
11	1120	1120	●	●	–	–	●	–	●	●	–	–	–	–	●	●	–
15	1030	1030	●	●	–	–	●	●	–	●	–	–	–	–	●	○	○

● Schwierigkeitsgrad ● Ja ○ Bedingt – Nein

Das Gebiet

Das Gebiet rund um den Königssee ist ein fantastisches und abwechslungsreiches Wandergebiet, das keinen Wunsch offen lässt. Mit dem Schiff lassen sich mehrere Ausgangspunkte anfahren, und bewirtschaftete Almhütten rund um den See eröffnen ein zusammenhängendes Netz von Wandermöglichkeiten und Gipfelzielen.

„Dieses großartigste aller Gebirgstäler in den nördlichen Kalkalpen" – wie der erste Führerautor Max Zeller 1911 schrieb – erstreckt sich entlang der Königsseer Ache in südlicher Richtung und ist eingebettet zwischen mächtigen und hochaufragenden Gebirgsmassiven. Der Königssee trennt den Watzmannstock im Westen von dem östlich gelegenen Göllmassiv und den Gotzenbergen. Im Süden schließt das mächtige Steinerne Meer das Tal ab.

Diese über 2500 m hohe alpine Umrahmung besitzt jedoch eine vorgelagerte Hochalmregion, die für jedermann zugänglich ist und zu herrlichen Bergwanderungen einlädt. Der einfachste und mittels einer Gondel am leichtesten erreichbare Aussichtspunkt ist natürlich der Jennergipfel. Aber daneben ist der Bereich der Gotzenalm ein sehr beliebtes und viel besuchtes Wanderziel. Dieser hervorragend erschlossene und traumhaft gelegene Aussichtspunkt in knapp 1700 Meter kann von mehreren Seiten aus erreicht werden. Wer sich die gut 1000 Meter Höhenunterschied im Aufstieg nicht zumuten will, der kann mit der Jennerbahn bis zur Mittelstation hochfahren und sich so rund die Hälfte des Anstiegs ersparen. Ein Netz von bewirtschafteten Almhütten ermöglicht Wanderungen verschiedener Länge und Jennerseilbahn sowie der regelmäßige Schiffsverkehr auf dem Königssee erleichtern Zu- und Abstieg und bieten vielfältige Tourenkombinationen an.

Auf der Westseite ist der Grünstein ein nahes Ausflugsziel und

KOMPASS INFO

Der Nationalpark Berchtesgaden
Um den Handel mit Alpenpflanzen einzudämmen, entstand 1910 der „Pflanzenschonbezirk Berchtesgadener Alpen". 1921 erfolgte die Erweiterung zum „Naturschutzgebiet Königssee". Als Reaktion auf die Idee, den Watzmann mit einer Seilbahn zu erschließen, kam 1953 die Forderung nach einem Nationalpark. Im Europäischen Naturschutzjahr 1970 wurde diese Idee wieder aufgegriffen und 1972 wurde der Bayerische Landtag beauftragt, einen Bayerischen Alpenpark im Naturschutzgebiet Königssee zu planen. 1978 war es dann soweit: Die „Verordnung über den Alpen- und den Nationalpark Berchtesgaden" trat in Kraft. Seit 1991 bilden der Nationalpark und sein Vorfeld ein von der UNESCO anerkanntes Biosphärenreservat.

Blick vom Halsköpfl auf den Königssee.

führt dem Wanderer – wie die wenig höher gelegene Kührointhütte – die beeindruckende Kulisse des Watzmanns vor Augen. Von der mit dem Schiff erreichbaren Anlegestelle St. Bartholomä ist über das kleine Eistal sogar ein Ausflug unmittelbar an den Fuß dieser mächtigsten Felswand Deutschlands möglich.
Von St. Bartholomä und vom südlichen Seeende können eine Reihe von Touren ins Steinerne Meer unternommen werden, die mitten ins Herz des Nationalparks Berchtesgaden führen und wunderschöne Ausblicke auf den tief eingeschnittenen Königssee eröffnen. Auch hier bieten bewirtschaftete Hütten die Möglichkeit einzukehren und im Bedarfsfalle zu übernachten, so dass sich die jeweiligen Unternehmungen ganz individuell gestalten lassen.
Die Wanderwege sind gut ausgeschildert, bei schwierigeren Passagen auch mit Aufstiegshilfen und Sicherungen versehen.

KOMPASS INFO

Der Königssee
Der fjordartig eingebettete See, der am östlichen Fuß des Watzmannstockes liegt, ist 8 km lang, bis zu 1250 m breit und liegt 602 m über NN. Mit einer maximalen Wassertiefe von 190 m bleibt das Wasser auch im Hochsommer relativ kalt, da der See hauptsächlich durch den vom südöstlich gelegenen Obersee und durch unterirdische Zuflüsse gespeist wird. Die Wasseroberfläche beträgt 5,2 km^2. Der See wird von der Bayerischen Seenschifffahrt mit Elektrobooten befahren. Da außerdem im Einzugsbereich des Sees keine intensive Landwirtschaft (mit Ausnahme von etwas Almwirtschaft) betrieben werden darf und seit den 1980er-Jahren eine Ringkanalisation die Abwässer vom See fernhält, besitzt der Königssee Trinkwasserqualität. Ein Großteil des Sees gehört zum Nationalpark Berchtesgaden.

Sehenswürdigkeiten
Ausflugsziele

Berchtesgaden
540 m – ca. 600 m, ca. 7700 Einwohner, heilklimatischer Kurort und Mittelpunkt des Berchtesgadener Landes, das alte Ortsbild ist noch weitgehend erhalten. Obersalzberg(-bahn), Roßfeldringstraße, Watzmanntherme. Ein beschilderter 2-std. historischer Spaziergang beginnt am Kur-u. Kongresshaus und führt durch die 900-jährige Ortsgeschichte.
Kur- u. Kongresshaus Berchtesgaden
Tel. 08652/9445340
info.kurhaus@berchtesgaden.de
www.berchtesgaden.de

Schönau am Königssee
600m – 630 m, ca. 5400 Einwohner, die südöstlichste Gemeinde Deutschlands und das touristische Zentrum des Berchtesgadener Landes. Königssee-Schifffahrt, Jennerbahn, Bob- und Rodelbahn
Verkehrsamt Schönau a.K.
Tel. 08652/1760
tourismus@koenigssee.com
www.koenigssee.com

Dokumentationszentrum Obersalzberg
Salzbergstr. 41, 83471 Berchtesgaden, Tel. 08652/947960, ständige Ausstellung des Inst. f. Zeitgeschichte München über die Geschichte des Obersalzbergs und die Nazi-Diktatur, geöffnet April – Okt. (Mo-So 9-17 Uhr) und Nov. – März (Di-So 10-15 Uhr)
www.obersalzberg.de

Roßfeldpanoramastraße
Deutschlands höchstgelegene Aussichtsstraße führt als mautpflichtige ringförmige Panoramastraße auf einer Länge von 15,2 km durch das hochalpine Landschaftsschutzgebiet Roßfeldstraße und bis in eine Höhe von 1600 m hinauf.
www.rossfeldpanoramastrasse.de

St. Bartholomä am Königssee
auf der Halbinsel St. Bartholomä, am Fuße der Watzmann-Ostwand, liegt die berühmte gleichnamige Wallfahrtskirche (1134 gegründet, 1697/98 weitgehend neu erbaut) und das heute als historische Gaststätte geführte ehemalige Jagdschloss der Pröpste und Chorherren von Berchtesgaden
Tel. 08652/964937
www.sankt-bartholomae.de

Bild links: Wir nähern uns mit dem Schiff St. Bartholomä

Hütten und Almen

Gotzenalm, Berggaststätte
1685 m, privat, 99 Übernachtungsmöglichkeiten (von Zweibettzimmer bis Matratzenlager), Tel. 08652/690900 (Saison Mitte Mai – 15.10. bewirtschaftet; Tel. privat März – Mitte Mai:08652/62812)
www.gotzenalm.de

Grünsteinhütte
1220 m, privat, bewirtschaftet von Mai – Oktober, kein Ruhetag, keine Übernachtungsmöglichkeit; Tel. 0171/8329328
www.gruensteinhuette.de

Dr.-Beck-Haus
1260 m, 15 Min. von der Jenner-Mittelstation entfernt, 35 Schlafplätze, bewirtschaftet von Mai – Anfang Nov. (außer Schlechtwettertagen); Tel. 08654/2727
www.dr-hugo-beck-haus.de

Jenner-Bergstation
1802 m, privat, ganzjährig bewirtschaftet, Restaurantbetrieb, keine Übernachtungsmöglichkeit.

Kärlingerhaus (Steinernes Meer)
1631 m, DAV, bewirtschaftet von Ende Mai – Mitte Oktober, 233 Übernachtungsmöglichkeiten (von Vierbettzimmer bis Massenlager); Tel. 08652/6091010 (Tal: 08652/979562),
www.kaerlingerhaus.de

Kehlsteinhaus
1834 m, mit Zubringerbus und Berglift erreichbar, bewirtschaftet von Mai – Okt., keine Übernachtungsmöglichkeit; Tel. 08652/2969
www.kehlsteinhaus.de

Königsbachalm, Berggaststätte
1200 m, privat, keine Übernachtungsmöglichkeit, bewirtschaftet von Mai – Okt.; Tel. 08652/5551

Kührointhütte
1420 m, privat, bewirtschaftet von Juni – Mitte Oktober, Übernachtungsmöglichkeiten (18 Lager: 2-6-Bett-Zimmer); Tel. 0171/3533369
www.kuehroint.com

Mitterkaseralm (am Jenner)
1534 m, privat, bewirtschaftet von Juni – Ende Okt. und Weihnachten – Mitte April, keine Übernachtungsmöglichkeit; Tel. 08652/5100

Saletalm, Alpengaststätte
605 m, (am Südende des Königssees), privat, bewirtschaftet als Selbstbedienungsgaststätte von Mitte April – Mitte Okt., keine Übernachtungsmöglichkeit; Tel. 08652/63007
www.saletalm.de

Schneibsteinhaus
1670 m, Naturfreunde, bewirtschaftet Anfang Mai – Ende Oktober und 26.12. – 6.1., Übernachtungsmöglichkeit für 75 Personen (nur mit Halbpension); Tel. 08652/2596
www.schneibsteinhaus.de

(Carl-von-)Stahlhaus
1736 m, OeAV, ganzjährig bewirtschaftet außer 24.12., Übernachtungsmöglichkeiten (22 Betten u. 75 Lagerplätze); Tel. 08652/2752
www.carl-von-stahl-haus.com

Wasseralm
1416 m, DAV, im Sommer bewirtschaftet, 40 Übernachtungsmöglichkeiten; Tel. 08652/2207

Tourenübersicht

Seite

Hütten- und Gipfeltouren mit Übernachtungsmöglichkeit

Hütten- und Gipfeltouren mit Seilbahnunterstützung

Die Wasseralm in der Röth.

Fahrplan Königssee

Ende April bis Mitte Oktober:
Hinfahrt: **Königssee Seelände – Kessel (Bedarfshaltestelle)**, Fahrzeit 25 Minuten **– St. Bartholomä**, Fahrzeit 10 Minuten **– Salet Obersee**, Fahrzeit 20 Minuten: 9 Uhr und von 9.45 Uhr bis 16.15 ca. alle 30 Minuten Abfahrt Königssee Seelände, von Ende Juni bis Mitte September zusätzliche Abfahrten um 8 und 8.30, 16.45 und 17.15 Uhr

Rückfahrt: **Salet Obersee – St. Bartholomä – Kessel (Bedarfshaltestelle) – Königssee Seelände**: 9.55 und von 10.40 bis 17.10 ca. alle 30 Minuten Abfahrt Salet Obersee, von Ende Juni bis Mitte September zusätzliche Abfahrten um 8.55 und 9.25, 17.40 und 18.10 Uhr

Von Mitte Oktober bis Ende April fährt die Linie ca. stündlich, von November bis Weihnachten nur an den Wochenenden.
Genaue Informationen finden Sie auf der Homepage unter
www.bayerische-seenschifffahrt.org

Die Rückfahrtzeiten von der Anlegestelle Salet sollte man beachten, da es hier keine Übernachtungsmöglichkeiten gibt!

Unsere schönsten Touren

Legende

- Kilometerangabe
- Höhenmeter (Auf- und Abstieg)
- Gehzeit
- Für Kinder geeignet
- Einkehrmöglichkeit
- Bergbahn/Gondel
- Sessellift
- Wichtige Information
- KOMPASS Highlight

Kartenlegende auf den Umschlagklappen

Für Spaziergänger ist der Malerwinkel-Rundweg am Nordufer sehr zu empfehlen, bietet er doch einen leicht erreichbaren, fantastischen Überblick über den Königssee nach St. Bartholomä und weiter bis zu den Felsgipfeln des Steinernen Meeres (vgl. Tour 2).

Ambitionierte und ausdauernde Wanderer genießen genau vom entgegengesetzten, am Südufer und rund 1000 Meter höher gelegenen Halsköpfl einen ebenso wunderbaren Überblick über den Königssee. Und bei dieser Wanderung (vgl. Tour 19) durch das Herzstück des Berchtesgadener Nationalparks kann man alle Facetten dieser beeindruckenden Berglandschaft kennenlernen und erleben: Almgelände, Bergseen, Wasserfälle, steile Steige, naturbelassene Waldpassagen und idyllisch gelegene Hütten. Aber denken Sie daran, dass Sie sich im Hochgebirge bewegen, besonders im Frühjahr und im Herbst ist auf das Wetter zu achten.

Schwierigkeitsbewertung

Blau
Hier handelt es sich um gut angelegte (Berg-)Wege ohne echte Gefahrenstellen, die jedermann begehen kann. Das schließt aber kurze, kräftige Steigungen nicht aus. Diese Routen sind gut ausgeschildert und markiert. Auch für alpine Anfänger geeignet.

Rot
Wege und Steige, die in hochalpinem Gelände verlaufen und steil und felsig sein können. Abschnittsweise mit Sicherungen (Drahtseile...) versehen. Ein Mindestmaß an alpiner Erfahrung sollte nicht fehlen.

Schwarz
Anspruchsvolle, oft auch recht lange Bergtouren in meist felsdurchsetztem Gelände. Es gibt ausgesetzte und gefährliche Stellen, die Bergerfahrung und Kondition voraussetzen. Hier wirken sich die herrschenden Verhältnisse wie Nässe, Nebel, Schneefelder besonders deutlich aus.

1. Berchtesgaden – Königssee

Spaziergang entlang der Königsseer Ache

Ausgangspunkt: Berchtesgaden, 540 m; großer Parkplatz am Volksfestplatz, gegenüber Bahnhof | **Charakter:** Spaziergang auf überwiegend Naturboden, meist schattig und am Bach entlang | **Einkehr:** Gasthaus Waldstein, Rund um den Königssee | **Karte:** Kompass Nr. 14

Leicht | 10km | 80 hm / 80 hm | 3,5 Std.

Wir starten in **Berchtesgaden** auf dem Volksfestplatz-Parkplatz beim Kreisverkehr in unmittelbarer Nähe des Bahnhofs. Nach Durchschreiten des Parkplatzes wandern wir auf einem sandigen Weg bis wir nach gut 1 km bei der **Gaststätte Waldstein** an eine Verzweigung stoßen (Untersteiner Straße). Wir ignorieren die Brücke, die rechts über die Königsseer Ache führt und gehen auf einem gekiesten Rad-/Fußweg geradeaus weiter, am Haus Waldstein rechts vorbei. Der schön zu gehende, breite Weg verläuft unmittelbar neben dem Bach und meist in angenehmen Schatten.

Nach etwa 3 km treffen wir wieder auf Asphalt und eine Verzweigung. Ein Schild „Königssee 2 km“ leitet uns nach rechts, bis zur Straße vor, am Biergarten wieder nach rechts und dann nach 20 m – vor der Brücke – links. Jetzt laufen wir wieder auf Naturboden, nur zwischendurch, bei ein paar Häusern, ist wieder kurzzeitig asphaltiert. Direkt nach den Häusern geht es wieder rechts ab (Schild: Königssee 1,1 km). Links ist die Jennerbahn mit 1 km ausgeschildert. Nach gut 4,5 km geht man durch einen kleinen Tunnel, direkt am Bach entlang, steigt ein kurzes Stück etwas steiler an und erreicht den riesigen Parkplatz am **Königssee**.

Wenn man nicht direkt durch den Touristenverkehr zum Hafen marschieren will, verlässt man nach wenigen Metern den Parkplatz wieder nach rechts, geht am Bach entlang, und folgt dem anfangs leicht abfallenden Kiesweg, bis man zur überdachten Holzbrücke gelangt. Nun eben am Uferweg entlang zum Hafengelände.

Über die Holzbrücke ist ein viertelstündiger Abstecher zur international bekannten Bob- und Rodelbahn Berchtesgaden möglich, die sich bereits sichtbar am Waldrand entlang den Berg Richtung Grünstein hinaufschlängelt. Wer noch Lust auf einen weiteren Fuß-

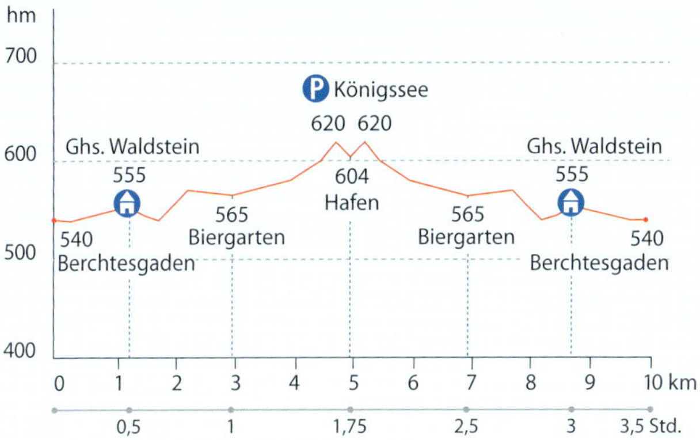

marsch hat, kann von hier aus den Malerwinkel-Rundweg (siehe Tour 2) anhängen – und wer es lieber gemütlich mag, der setzt sich vor eines der Gasthäuser mit Seeblick oder lässt sich mit einem der Königssee-Schiffe übers Wasser schaukeln. Bei ausreichend Zeit bietet es sich auch an, in 10 Minuten zur Talstation der Jennerbahn hinüber zu wandern und sich ohne Mühe auf aussichtsreiche 1804 m hoch transportieren zu lassen.

Der Rückweg verläuft wie der Hinweg.

Die Holzbrücke, die kurz vor Erreichen des Königssees über die Königsseer Ache führt. Im Hintergrund ist der Grünstein zu sehen.

Im Zentrum von Berchtesgaden.
Westfassade der Stiftskirche St. Peter und Johannes der Täufer.

Berchtesgaden
START
Schloss
Bhf.
Strub
Mozart-Radweg
Altenheim
Insula
Kressen
Feistenau
Moos
Stang
Menten
Ober-
Lasthelm
Alpenweitwanderw.
Steinwand
678
Moderegg
Göbl
Sulzberg
Binder
Graben
Winkl
Zechmeisterlehen
Luegerer
Kohlhiasl
Ständler
Simon
Bodner
Unteröd
Hanetz
schönau
Bründl
Krenn
Köppeleck
Unterstein
Reha-Zentrum
Punz
Waldhäuser
Schönau a. Königssee
(630)
Wald-stein
Schwöb
Unter-
Gröll
E10
10 (Var.)
20
Wiesen
Mühlleiten
Schusterstein
Königssee
Artenreit
Hohenwart
Grünstein
1304
445
Hofreit
Jodler
Öd
Klingeralm
Bob- und Rodelbahn
Nationalpark-Info-Stelle
Villa Beust
Dörfl
Brandtnerhof
Toffen
Hochbahn
Neuhausen
Koppenstein
Glaser
Alpenhof
Thaler
Mühleben
Lichtenfels
Dichtler
Kranzbichl
Schwöblehen
Fried
Wembach
Helliel
Scheberer
Sappen
Mitterbach
Schiffer
Siegler
Otten
Ober-
Unter-
herzogberg
Donisen
571
Rennlehen
Schiedbichl
Obersalzbergbahn
Schied
Kressen
Hochlenzer
Sonneck
Sommerrodelbahn
Maurer
Pfenning
Graft
Graflhöhe
Stockerpoint
Laxer
Höllgraben
Spinner
Kranvogel
Bern
Grutschenhäusl
Faselsberg
Widlbrand
Viertlbrand
Maler
Alpenweitwanderweg
Margarethenhof
Holz
Kreßgraben
Brandkopf
1156
Vorderbrand
Hinterbrand
Alpeltalhütte
1090
Göllhäusel
Berngrub
Fritzen
Holzen
Lenz
Brüggen
Hainzen
Reichl
Dürreck
Brunnhaus
Ligeret
Hainzenbach
Kraulkasergraben
Mittelstation
1185
1206
Vogelhtt.
Diensthtt.
Jennerhaus (Dr.-Beck-Haus)
1260
Vogelhüttenalm
Wasserfallalm
Mitterkaser
Jenner
1874
1802
Strubkopf
1271
Strubalm
Hochbahn
Rabenwand
Malerwinkel
604
Ronneralm (verf.)
Christlieger
Skihütte
Sommerbichel
1293
Herrenroint Diensthtt.
Falkensteinalm (verf.)
Kreuzelwand
Brentenwand
Kührointhütte
1420
Archenkopf
Aussichtspunkt Archenkanzel
Nasser Palfen
Büchsenkopf
Büchsenalm
1247
Königsbach
Diensthtt. Holzstube
Königsbachalm
1240
Lohmaishütte
Bärenwand
Wasserpalfen
Branntweinbrennhütte
Sillenköpfe
Farrenleiten
Kesselwand
Kesselbach
Kessel
Im Echo
-190-
mit dem Schiff
park
443
493
497
498
Lindeweg
Dürreckstraße
Salzwand

0 500 m

2. Malerwinkel, 780 m

Spazierwanderung für Genießer

Ausgangspunkt: Königssee/Parkplatz | Gehzeit: Rundwanderung 2 Std.; Abstecher zur Rabenwand 0,5 Std. | **Charakter:** Einfache Rundwanderung mit gut begehbarem, teils etwas felsigem Abstecher zur Rabenwand | **Einkehr:** In Königssee
Karte: Kompass Nr. 14

Leicht | 3,75 km | 200 hm 200 hm | 2,5 Std.

Wer sich nicht auf's Wasser traut und keinen allzu beschwerlichen Fußaufstieg machen möchte, hat dennoch Gelegenheit, einen eindrucksvollen Blick auf den Königssee zu werfen. Und er darf sich sicher sein, dass er diesen Standort mit vielen berühmten Vorfahren teilt, denn seinen Namen hat dieser Fleck nicht von ungefähr bekommen, und bei Rundgängen in Bilderausstellungen zum Thema Landschaftsmalerei wird man diesen Blickwinkel immer wieder erkennen.

KOMPASS INFO

Der „Malerwinkel"
Das Berchtesgadener Land war immer auch ein Anziehungspunkt für malende und schreibende Künstler und man kann vielerorts, namentlich in Berchtesgaden, Bad Reichenhall und in der Ramsau auf den Spuren prominenter Künstler wandeln und einiges über deren Leben erfahren.

Der 3,75 Kilometer lange Malerwinkel-Rundweg ist ein bequemer Spazierweg, der ohne nennenswerten Höhenunterschied (es sind selbst mit dem Abstecher zur Rabenwand kaum über 200 m!) am nördlichen Ufer des Königssees verläuft.

Wir starten vom **Parkplatz** aus zur Seelände, halten uns bei den Schifffahrtshäuschen links und folgen dem Schild, das uns zum viel begangenen und gut markierten Rundweg führt. Zuerst leicht ansteigend zur **Villa Beust,** dann eben und bei einer Verzweigung kurz rechts abwärts zum so genannten **Malerwinkel**. Sitzbänke laden hier zum Verweilen und Schauen ein. Der Blick über den Königssee reicht bis zur rund 4 km entfernt gelegenen Wallfahrtskirche St. Bartholomä.

Zurück und nach rechts weiter auf dem Rundweg erreichen wir leicht ansteigend bei der nächsten Linkskurve erneut einen sehr schönen

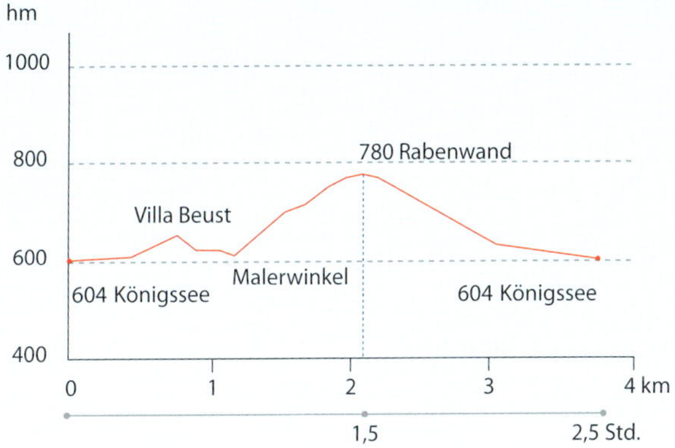

und aussichtsreichen Rastplatz. Wenn wir zum höchsten Punkt des Rundwegs gelangen, weist uns ein Schild „Rabenwand 1500 m" nach rechts und ein felsiger Pfad führt uns fast eben zum Aussichtspunkt **Rabenwand**.

Von vielen wird diese Aussichtswarte (mit Sitzbänken und Stempelstelle) als eine der schönsten am Königssee bezeichnet; eine der am schnellsten und einfachsten zugänglichen ist sie auf jeden Fall. Wieder zurück zum Rundweg und bequem weiter – nun stets abwärts – in Richtung Dorf Königssee. Vorbei an der **Jennerbahn-Talstation** beenden wir unseren gemütlichen Spaziergang wieder am Parkplatz Königssee und unserem Ausgangspunkt.

Blick über die Schiffslände zur Villa Beust, die am Weg zum Malerwinkel liegt.

305
Berghof
Alpen-weit-wander-weg
Ständler
Dankl
Unteröd
Bodner
Graben
Frech
Dick
Schapbach
Hanetz
Winkl
20
Bären-stüberl
schönau
Krenn
Köppeleck
Schwöb
Unter-
Schneider
Hinterschönau
Oberöd
Bründl
Köppeleck
Unterstein
Gröll
Mühl-eben
Hammerstiel
Rest
Waldhäuser
Reha-Zentrum
Punz
Thaler
Alpenhof
Wiesen
Mühlleiten
Schusterstein
Schönau
a. Königssee
(630)
Hasenbrunnen
Arten-
reit
Königs-
see
Glaser
Koppen-
stein
1304
Hohenwart
Grünsteinhtt.
1220
Grünstein
Hofreit
START
Dörfl
Brandtner-hof
Jodler
Schapbachriedel
Weiße Wand
Klingeralm
Klingerbach
Bob- und Rodelbahn
Öd
Nationalpark Info-Stelle
(Variante)
Schapbach Diensthtt.
1329
Villa Beust
Christlieger
1203
Schapbachalm
1040
Skihütte
Maler-
winkel
Schap-
bach-
boden
Diensthtt.
Mitterkaser
Mitterkaseralm
Sommerbichel
1293
604
Ronnera
(verf.)
Herrenrointy
Diensthtt.
Kreuzelwand
Kohlschlag
Falkensteinalm
(verf.)
Falzalm
Nationalpark-Info
Kührointhütte
1420
Brentenwand
Falzsteig
Nasser Palfen
Archenkopf
-190
Büchse
1247
Im Echo
Kederbichel
Aussichtspunkt Archenkanzel
E10 (mit dem Schiff)
10 (Var.)
Kesselwand
Kessel
Kesselbach
Mooslahnerkopf
1815
Archenwand
2307
Kl. Watzmann
(Variante)
(603)
2230
2247
Rinnkendl-steig
Reitsteig
494
Palfenlahner
Eiswinkel
Seeaukopf
1505
Ostwand
618
St Bartholomä
Eisgraben
446
Gotzenstein
1613
Seeaualm
(verf.)
St Johann und Paul
(keine Nächtigung)
-57
Im Reitl
Aussichtspunkt
alpark
esgade

Kehlstein
1837
Ofner Kirche
1457
Mannlköpfe
452
Mannlsteig
Rauchfang
2253
Nur für Geübte!
452
Spinner
Kranvogel
Bern
Grutschenhausl
Fasels
Widlbrand
Viertlbrand
Maler berg
Alpenweitwanderweg
Margarethenhof
Holz
Kreßgraben
Toffen
Neuhausen
Berngrub
Fritzen
Holzen
Lenz
Brüggen
Hainzen
Reichl
Dürreck
1190
Ligeretalm
Brunnhaus
1046
Scharitzkehlalm
Endstal
Jugenddorf Christophorusschule
Alpeltalhütte
1090
Vorderbrand
Hinterbrand
Brandkopf
1156
Göllhäusel
Dürreckberg
Alpeltalsteig
Alpelköpfe
1923
2047
Pflughörndl
Hoher Gö
2522
457
Brettgabel
1805
Umgäng
Mittelstation
1206
1185
Krautkaseralm
Vogelhtt.
Diensthtt.
Jennerhaus (Dr.-Beck-Haus)
1260
Alpenweitww.
Vogelhüttenalm
Wasserfallalm
Mitterkaseralm
Vogelstein
1705
Mitterkaseralm
1534
Jägerkreuz
Hörnlbrett
2331
2340
Hohes Brett
Brettriedel
2344
Großer
451
Pfaffenkegel
Hochbahn
Strubkopf
1874
1271
Strubalm
Jenner
1802
499
Alpenweitwanderweg
1736
Carl-v.-Stahl-Haus
14,451
Obere Jochalm
1399
1728
Torrener Joch
Königsbergalm
Schneibsteinhaus
1670
Die Stube
Untere
497
Diensthtt.
Holzstube
Lohmaishütte
498
Königsbachalm
1240
Bärenwand
Ruckkarl
Königstal-A
Wasserpalfen
Branntweinbrennhtt.
Sillenköpfe
Farrenleitenwand
1716
2276
Schneibstein
Königstalwand
Priesberger Moos
Reinersberg
Rothspielscheibe
1940
Mooswand
Gotzentalalm
1110
Priesbergalm
416,454
Brenneteck
1960
Windscharte
Windschartenkopf
2211
Schlumkopf
2204
Fahrtgrube
Fagstein
1690
Hinter Sch
(verf.)
Hirschenlauf
495
Kammerwand
Roßfeld
Roßfeldalm
(verf.)
Mittl. Hirschenlauf
454
2007
Schlumscharte
Hochseeleinkopf
2109
Graflschlümlalm
1920

3. Grünstein, 1304 m

Auf den kleinen Bruder des Watzmann

Ausgangspunkt: Königssee/Parkplatz, 604 m; | **Charakter:** Wiesen- und Forstwege und kurz auf asphaltierter Straße, ab Höhe Bobbahn-Start gut angelegter, kehrenreicher und stellenweise steiler, aber ungefährlicher Steig | **Einkehr:** Grünsteinhütte
Karte: Kompass Nr. 14

Leicht | 7,5 km | 700 hm 700 hm | 3,5 Std.

Der dem Watzmann vorgelagerte, dicht bewaldete Rücken weist vom Königssee aus gesehen eine recht eindrucksvolle, felsige Seite auf. Ein willkommenes Nahziel für alle Königssee-Besucher, zumal das Gipfelplateau des Grünstein eine ähnlich imposante – aber doch wesentlich schneller und vor allem einfacher zu erreichende – Aussicht wie sein großer und bekannterer Bruder, der Watzmann, bietet.

Vom **Parkplatz Königssee** gehen wir zu den An- und Ablegeplätzen der Königsseeboote.
Dort rechts haltend am Ufer entlang, über die überdachte Holzbrücke ans andere Ufer, hinauf zur Straße und dem Schild Richtung Grünstein folgen oder nach rechts, kurz der Straße entlang, bis nach der Kurve ein Schild nach links Richtung „Ramsau/Oberschönau" weist. Wir folgen dem Weg, bis wir auf die Straße treffen, die zur Bobbahn führt. Weiter der Markierung folgend steigen wir auf dem breiten Weg an, bis wir nach einer guten Stunde Gehzeit in Höhe der Startanlage der Bobbahn (links von uns) ankommen. Kurz danach weist uns ein Schild nach rechts auf den schmalen und steiler werdenden Pfad (Schild) zur Grünsteinhütte hinauf.
Bei Nässe ist der Steig rutschig und für Kinder, Unerfahrene oder nicht ganz Trittsichere nicht unbedingt zu empfehlen. Der schattig im Wald verlaufende Anstieg durch den Klinggraben in Richtung Weiße Wand eröffnet eindrucksvolle Einblicke in die schroffen Felsenabbrüche der Grünstein-Südwand. Nach etlichen Stufen und vielen engen Serpentinen stoßen wir nach etwa 45 Min. auf den von links kommenden Wanderweg, der von der Kührointhütte nach Schönau führt. Wir halten uns rechts und stehen wenige Minuten später vor der meist gut besuchten **Grünsteinhütte**.
Am mit einem Holzgeländer gesicherten Ausguck können wir einen interessanten Tiefblick zum Königssee hinunter genießen.

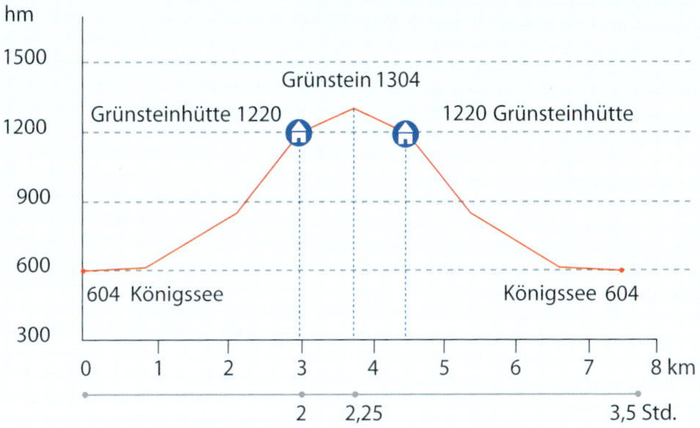

Knapp hinter der Hütte passieren wir auch das Schild „Teststrecke: 1270 Höhenmeter, 2467 m Weglänge".

In einer guten Viertelstunde erreicht man dann auf einem unschwierigen Weg das Gipfelplateau des **Grünstein**, das einen beachtlichen Weitblick ins Berchtesgadener Tal und hinüber zum Watzmann gestattet. Auf zwei kleineren Gipfelerhebungen stehen etliche Rastbänke, ein überdachtes Holzkreuz mit Christusfigur und Gipfelbuchkasten sowie etwas unterhalb die temporäre GATE Sendestation, die seit 2006 Vermessungsdaten für das Navigatonssystem GALILEO sammelt.

Der Abstieg verläuft über den Anstiegsweg. Bei Interesse lässt sich auch nach Erreichen des Kiesweges im unteren Teil ein Abstecher zur Bob- und Rodelbahn machen.

Die Grünsteinhütte liegt nur wenige Minuten unterhalb des Grünsteingipfels

Schusterbichl
Schnecken
Vierrad
Schober
Stang
Ober-
Menten
Lastheim
Alpenweit-wanderw.
Steinwand
678
Moderegg
Moos
Zechmeisterlehen
Luegerer
Ramsauer Ache
Lessler
Simon
Ständler
Unteröd
Dankl
Alpen-weit-wander-weg
Schapbach
Bären-stüberl
schönau
Hanetz
Bodner
Wahl
Kohlhiasl
Binder
Graben
Winkl
Alpenweit-wanderw.
Göbl
Sulz-
berg
Wald-stein
10 (Var.)
Alpen-weitww.
Königsseer Ache
E10
20
Lichtenfels
Krenn
Köppeleck
Bründl
Schneider
Schönau
Oberöd
Hammerstiel
Waldhäuser
Köppeleck
Unterstein
Schwöb
Unter-
Gröll
Reha-Zentrum
Punz
Schönau a. Königssee
(630)
Wiesen
Mühlleiten
Alpenhof
Thaler
Schusterstein
Arten-
reit
Königs-
see
Hohenwart
Hasenbrunnen
445
1304
Grünstein
Grünsteinhtt.
1220
Hofreit
Jodler
Öd
Dörfl
Brandtner-hof
Toffen
Hochbahn
Neuhausen
START
Nationalpark-Info-Stelle
Schapbachriedel
Weiße Wand
Klingeralm
Klingerbach
Bob- und Rodelbahn
443
Schapbach Diensthtt. 1329
Alpenweit-wanderweg
Villa Beust
Christlieger
Schapbachalm
1040
Skihütte
Maler-winkel
Rabenwand
Hochbahn
Sommerbichel
1293
Kreuzelwand
604
Ronneralm
(verf.)
Strubkopf
1271
Strubalm
Herrenroint Diensthtt.
Kohlschlag
Falkensteinalm
(verf.)
Brentenwand
Nationalpark-Info
Kührointhütte
1420
Nasser Palfen
Büchsenkopf
Büchsenalm
1247
Archenkopf
-190-
E10 (mit dem Schiff)
10 (Var.)
Im Echo
Kesselwand
Kesselbach
Aussichtspunkt Archenkanzel
Archenwand
Mooslahnerkopf
1815
Kessel
(Variante)
Gotzentalalm
1110
Wasserpalfen
Sillenköpfe
Otten
Siegler
Mitterbach
Schiffer
Scheberer
Sappen
Fried-
Wembach
Helliel
Stockerpoint
Laxer
Schwöb-
lehen
Dichtler
Spinner
Kranzbichl
Bern
Grutschen-
häusl
Fasels
Mühl-
eben
Widlbrand
Viertl-
brand
Maler
berg
Alpenweit-wanderweg
Margarethenhof
Holz
Glaser
Koppen-
stein
Kreßgraben
Vogelhtt.
Diensthtt.
493
497
l p a r k

0 500 m

Die alternative Abstiegsroute führt entlang der international bekannten Bob- und Rodelbahn bis hinunter zum See mit schönem Blick hinüber zum Jenner und zum Hohen Göll.

4. Jenner, 1874 m

Leicht erreichbarer, herrlicher Aussichtsberg

Ausgangspunkt: Königssee/Talstation der Jennerbahn, 625 m (Parkplatz) | **Charakter:** Auffahrt mit der Bahn; 15-Minuten-Aufstieg zum Gipfel; evtl. Abstieg bis zur Mittelstation| **Einkehr:** Jenner-Bergstation, Dr.-Beck-Haus, Jenner-Mittelstation | **Karte:** Kompass Nr. 14

Leicht | 1 km | 70 hm 70 hm | 0,5 Std.

Der Jenner ist dank seiner Bahn natürlich ein begehrtes Ausflugsziel und man wird ihn selten für sich allein haben. Kaum eine andere Stelle bietet eine so einfache Möglichkeit, faszinierende Tiefblicke auf den Königssee und herrliche Ausblicke auf die umliegende Bergwelt zu genießen.

Die **Jennerbahn** bietet mehrere Möglichkeiten diese Tour zu gestalten. Die einfachste Variante: Sie benützen die Bahn für die Auf- und Abfahrt, dann haben Sie genügend Zeit, neben dem 15-minütigen Gipfelanstieg auch die Landschaft rund um den Gipfelbereich zu erkunden – evtl. sogar einen

KOMPASS INFO

Jennerbahn
25-minütige Gondelfahrt auf 1802 m in Zweierkabinen (Mittelstation auf 1200 m).
Ende Mai – Anfang Oktober: 8 – 17.30 Uhr (letzte Bergfahrt ab Talstation: 17 Uhr; ab Mittelstation: 17.15 Uhr); Anfang Oktober – Anfang November 9 – 16.30 Uhr (letzte Bergfahrt ab Talstation: 16 Uhr; ab Mittelstation: 16.15 Uhr).
Panoramablick mit mehr als 100 deutschen und österreichischen Gipfeln. Tel: 08652/95810
www.jennerbahn.de

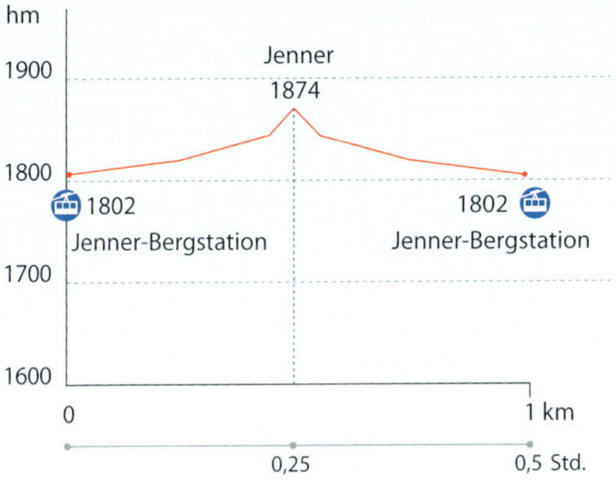

unschwierigen Abstecher zum gut sichtbaren Carl-v.-Stahlhaus zu machen (Beschreibung siehe Tour 7; ca. 1 Std. hin und zurück, ohne großen Höhenunterschied).
Oder aber Sie wandern von der Bergstation über die Mitterkaseralm (Einkehrmöglichkeit) auf schönem Wanderweg hinunter zur Mittelstation, steigen dort in die Gondel und schweben den Rest gemütlich zur Talstation hinab.
Der Übergang von der **Bergstation** zum **Jennergipfel** (etwa 30 Minuten hin und zurück) ist bei trockenen und guten Verhältnissen unschwierig. Die letzten Meter, im felsigen Gipfelbereich sind mit Drahtseilsicherungen versehen.

Die Jennerbahn bietet herrliche Rundumblicke, vor allem hinüber zum Watzmann; hier knapp unterhalb der Mittelstation beim neu angelegten Speichersee.

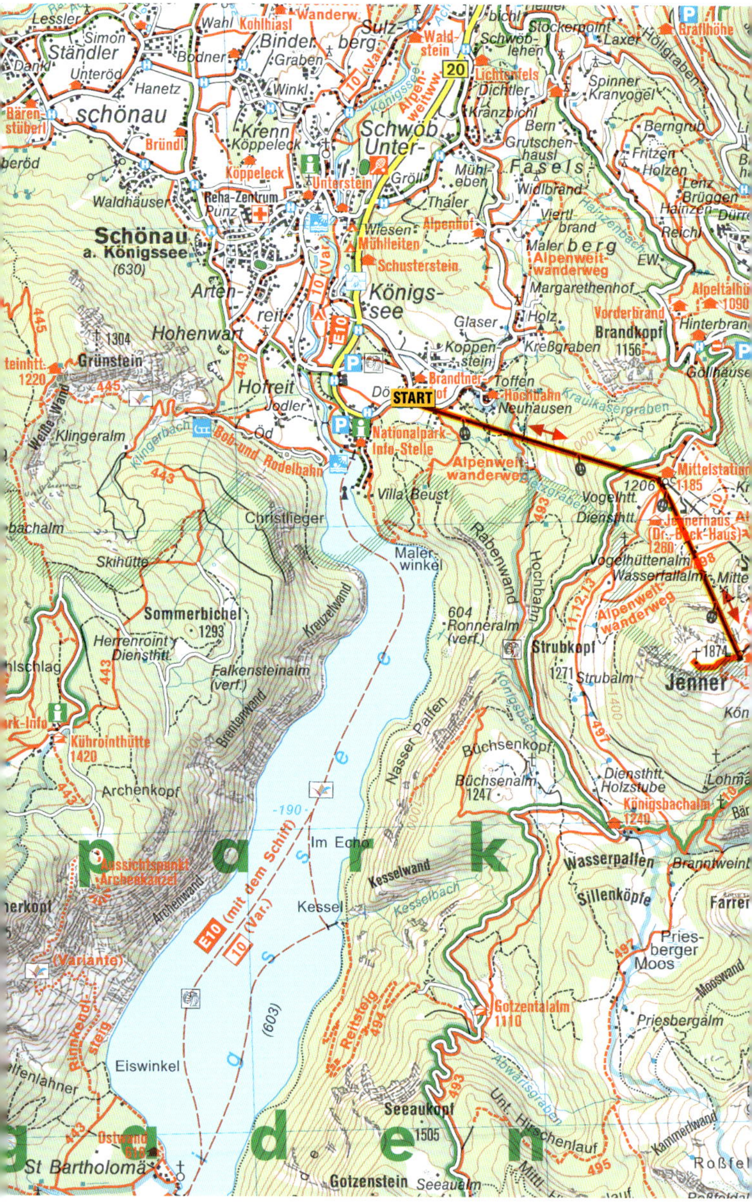

KOMPASS

0 500 m

Kehlsteinhaus (keine Nächtigung)
Hochfeld
Ofneralm Dienshtt.
Eckeralm
Eckersattel
Kehlstein
1837
Ofner Kirche
1457
Mannlköpfe
Mannlsteig
Rauchfang
2253
Nur für Geübte!
Schusterweg
Eckerfirst
Purtschellerhaus
1692
Winkelalm
Wilder Freithof
1426
Scharitzkehlalm
1046
Endstal
Jugenddorf Christophorus-schule
Pflughörndl
Dürreckberg
Alpeltalsteig
Alpelköpfe
2047
Hoher Göll
2522
1600
1923
Brettgabel
1805
Umgäng
Göllscharte
2384
2391
Hochscharte
2344
Großer Archenkopf
2331
2340
Brettriedel
Gamskar
2306
Jägerkreuz
Hohes Brett
Hörnlbrett
Vogelstein
Mitterkaseralm
1534
1705
Pfaffenkegel
1738
Carl-v.-Stahl-Haus
1728
Obere Jochalm
1399
Alpenweitwanderweg
Torrener Joch
Jhtt.
Fischbach
Alpwinkalm
1140
Schneibsteinhaus
1670
Die Stube
Untere Jochalm
1172
Bluntautal
Hubertusgr
Alpenweitwanderweg
Ruckkarl
Königstal-A
Schlümlalm
Blühnwandwald
Schneibstein
2276
Königstalwand
Reinersberg
Rotwandalm
Rothspielscheibe
1940
2098
Windscharte
Brenneteck
1960
Gartenboden
Windschartenkopf
2211
Schlumkopf
2204
1690
Fagstein
Hinter Schlumalm (verf.)
2007
Blösing
Schlumscharte

5. Jenner, 1874 m

Variantenreiche und leichte Aussichtstour

Ausgangspunkt: Berchtesgaden, Hinterbrand, 1100 m (gebührenpflichtiger Parkplatz) | **Charakter:** Leichte Bergwege und alternative Wiesensteige, die teilweise etwas steiler sind **Einkehr:** Mitterkaseralm, Jenner-Bergstation, evtl. Dr.-Beck-Haus und Jenner-Mittelstation | **Karte:** Kompass Nr. 14

Leicht 9,5 km 780 hm 780 hm 4,75 Std.

Dank einer Vielzahl von Wanderwegen lässt sich der Jenner auch ohne die Benutzung der Gondel relativ leicht erreichen. Eine Variante beginnt in Hinterbrand, das wir von Berchtesgaden aus mit dem Auto, zuerst Richtung Obersalzberg, dann scharf rechts auf die Dürreckstraße abbiegend, erreichen.

Wir durchschreiten den Parkplatz in **Hinterbrand** und folgen dem schönen und schattigen Höhenweg bis wir auf den breiten Forstweg zur Jenner-Mittelstation treffen. Ein paar Meter später zeigt uns ein Schild links hoch den Steig über Krautkaseralm zur Mitterkaseralm. Über ein paar steilere Holzstufen und dann über freies Wiesengelände passieren wir die **Krautkaseralm** (links) und treffen kurz darauf auf einen breiten Weg beim Sessellift. Hier nehmen wir die Abkürzung, einen Pfad links hoch, der uns in Kehren wieder auf den breiten Weg führt. Auf diesem weiter ansteigend gelangen wir in wenigen Minuten zur bald sichtbaren **Mitterkaseralm**.

Man hat nun zwei Möglichkeiten, zur Bergstation, deren Antennen von hier aus schon zu sehen sind, aufzusteigen. Rechts an der Alm vorbei, sofort wieder rechts hoch und dann in einem Linksschwenk direkt auf die Bergstation zu. Oder man hält sich ziemlich geradeaus in den Kessel hinein und steigt über Kehren, die Felsen links umgehend, hinauf zum Verbindungsweg vom Stahlhaus. Von dort in ein paar Kehren rechts hinauf zur **Bergstation**.

In einer Viertelstunde gelangt man auf den Gipfel des **Jenner**, die letzten Meter über Holzstufen; vorher kann man noch auf einer Aussichtsplattform mit Fernrohr schöne Tiefblicke zum Königssee genießen.
Beim Abstieg (wie beim Aufstieg können wir zwischen zwei Varianten wählen) bleiben wir nach der Mitterkaseralm auf dem breiten

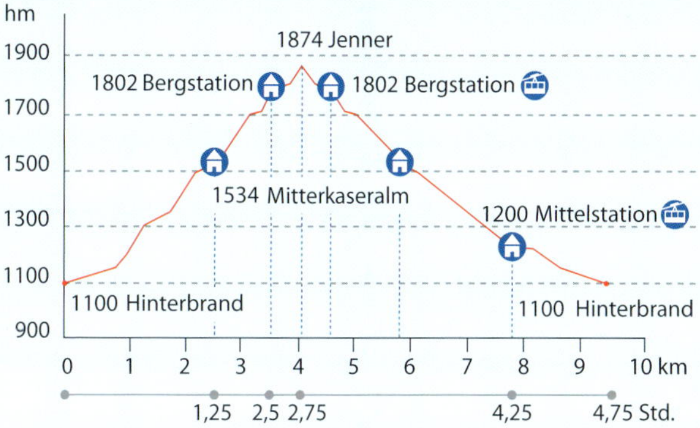

und bequemeren Hauptweg, der in einer großen Rechtskehre zur **Mittelstation** (evtl. Abstecher zum Dr.-Beck-Haus) und von dort auf dem Anstiegsweg zurück nach **Hinterbrand** führt.

Jennergipfel, rechts sind die Drahtseilsicherungen zu erkennen, die über den felsigen Schlussanstieg zum Gipfelkreuz hinauf leiten.

Bild oben: Die bewirtschaftete Mitterkaseralm ist schon früh im Jahr Anlaufstation für Bergwanderer.
Bild unten: Die Jenner-Bergstation.

KOMPASS

0 500 m

6. Königsbachalm, 1240 m

Gemütliche Almwanderung

Ausgangspunkt: Königssee/Jenner-Mittelstation 1200 m; Talstation der Jennerbahn, 615 m (Parkplatz) | **Charakter:** Leichte, fast ebene Wanderung auf guten Wegen | **Einkehr:** Königsbachalm, Jenner-Mittelstation, Dr.-Beck-Haus | **Karte:** Kompass Nr. 14

Leicht 6,5 km 100 hm 100 hm 2 Std.

Auf dem breiten Wanderweg verlassen wir die aussichtsreiche **Jenner-Mittelstation** und unterqueren den Jenner auf seiner Südseite. Über das von der Mittelstation links oben zu sehende Dr.-Beck-Haus verläuft unser Rückweg.

Über freies Almgelände wandern wir fast eben Richtung Süden. Nur kurze Abschnitte führen durch schattigen Wald. Bei heißen Temperaturen also eine durchaus sonnige Angelegenheit. Wir passieren links die Abzweigungen zum Dr.-Beck-Haus, zur Jenner-Bergstation und etwas später zur Königsbergalm, wandern aber stets – mit schönen Ausblicken zum Watzmann – geradeaus weiter in südlicher Richtung, vorbei auch an der Strubalm, die rechts wenig unterhalb des Weges liegt. Ab hier ist der Blick geradeaus frei auf das Steinerne Meer.

Bei der nächsten Verzweigung, haben wir schon das Königsbachalmgelände erreicht und marschieren rechts abwärts zu den Almgebäuden. Insgesamt 7 Almhütten umfasst die **Königsbachalm**, einst zum Jagdgebiet Hermann Görings gehörig, und heute in der Pflegezone des Nationalparks Berchtesgaden liegend.

Nach einer ausgiebigen Einkehr in der bewirteten Königsbachalm wandern wir wieder auf dem Hinweg zurück. Bei der Abzweigung

Ein aussichtsreicher und leichter Wanderweg führt zur Königsbachalm.

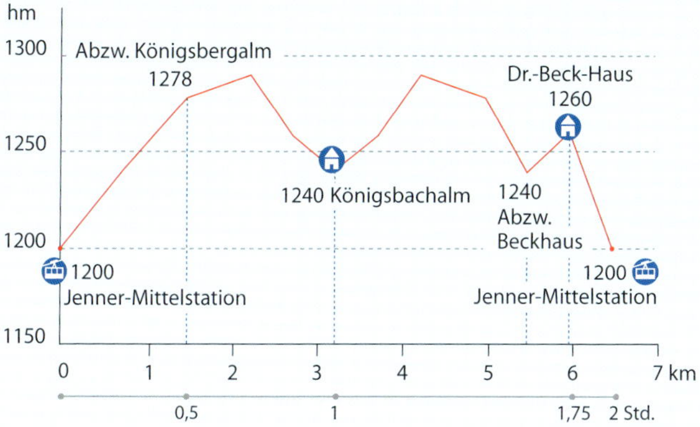

zum **Dr.-Beck-Haus** steigen wir den schmalen Pfad hoch und in den schattigen Wald hinein. Nun geht es rauf und runter auf schmalem, etwas wurzeligem Pfad, über einen Bachlauf, und nach einem kurzen Anstieg stehen wir vor dem Dr.-Beck-Haus, das uns mit seiner Sonnenterrasse zur Einkehr einlädt. In wenigen Minuten zur **Mittelstation** hinab.

Über den Fahrweg und den „Hochbahnweg" kann man von der Königsbachalm alternativ direkt bis zur Jenner-Talstation und nach **Königssee** absteigen (1,5 Std.).

Beliebte Einkehr und Kreuzungspunkt von Wander-/Radwegen: die Königsbachalm.

START
Mittelstation
1185
Krautkaseralm
Jennerhaus
(Dr.-Beck-Haus)
1260
Vogelhüttenalm
Wasserfallalm
Mitterkaseralm
1705
Vogelstein
Alpenweitwanderweg
Strubkopf
1271
Strubalm
Jenner
1874
1802
Königsbergalm
Dienststhtt.
Holzstube
Königsbachalm
1240
Lohmaishütte
Bärenwand
Wasserpalfen
Branntweinbrennhtt.
Sillenköpfe
Farrenleitenwand
1716
Priesberger Moos
Mooswand
Priesbergalm
Gotzentalalm
1110
Reitsteig
Seeaukopf
1505
Gotzenstein
Seeaualm
Unt. Hirschenlauf
Kammerlwand
Roßfeld
Fagstein
Fahrtgrube
Kesselwand
Kesselbach
Kessel
Im Echo
E10 (mit dem Schiff)
10 (Var.)
Königssee
Büchsenkopf
Büchsenalm
1247
Nasser Palfen
Ronneralm
604
Rabenwand
Hochbahn
Maler-winkel
Villa Beust
Christlieger
Sommerbichel
1293
Falkensteinalm
Kreuzelwand
Brentenwand
Archenwand
Nationalpark-Info-Stelle
Bob- und Rodelbahn
Brandtnerhof
Hochbahn
Neuhausen
Dörfl
Hofreit
Jodler
Öd
Hohenwart
Königs-see
Artenreit
Schustersteln
Mühlleiten
Wiesen
Alpenhof
Thaler
Unterstein
Schwöb Unter-
Reha-Zentrum
Krenn
Köppeleck
Winkl
Binder
Sulzberg
Waldstein
Lichtenfels
Dichtler
Kranzbichl
Stockerpoint
Laxer
Höllgraben
Graflhöhe
Spinner
Kranvogel
Berngrub
Ligeretalm
1190
Brunnhaus
Fritzen
Holzen
Lenz
Brüggen
Hainzen
Dürreck
Reichl
Jugenddorf Christophorus-schule
Scharitzkehlalm
Alpeltalhütte
1090
Vorderbrand
Brandkopf
1156
Hinterbrand
Göllhäusl
Brettgabel
1805
Margarethenhof
Holz
Glaser
Koppenstein
Kreßgraben
Toffen
Kraulkasergraben
Alpenweitwanderweg
Bern
Grutschenhäusl
Fasels
Mühleeben
Widlbrand
Viertlbrand
Malerberg
Hainzenbach
Grölli
Brändl
Punz

0 500 m

Das Dr.-Beck-Haus ist von der Mittelstation der Jennerbahn aus bereits gut zu sehen und lässt sich in einem kurzen Anstieg auf einem breiten Kiesweg in wenigen Minuten erreichen. Auch auf dem Rückweg von der Königsbachalm können wir über einen markierten Waldpfad einen Abstecher zur aussichtsreichen Sonnenterrasse des Dr.-Beck-Hauses machen.

7. Carl-von-Stahlhaus, 1736 m

Eine Hütten-Höhenwanderung

Ausgangspunkt: Königssee, Jenner-Bergstation, 1802 m
Charakter: Problemlose und aussichtsreiche Höhenwanderung ohne großen Höhenunterschied | **Einkehr:** Jenner-Bergstation, Carl-von-Stahlhaus | **Karte:** Kompass Nr. 14

Leicht 3,5 km 140 hm 140 hm 1,25 Std.

Von der **Jenner-Bergstation** starten wir auf dem markierten Wanderweg Richtung Osten, zuerst etwas abwärts. Unser Ziel, das Carl-von-Stahlhaus ist, genauso wie der Hüttenweg, schon von der Terrasse der Bergstation aus gut einzusehen. (Wer auf dem Rückweg dann direkt zur Mitterkaseralm absteigt, sollte den Jennergipfel vorab besuchen!)

Etwa 100 Höhenmeter steigen wir auf dem ersten Wegdrittel abwärts (bis etwa zur Verzweigung mit dem Weg, der von links unten von der Mitterkaseralm hoch leitet), bis es dann die restlichen zwei Drittel wieder leicht ansteigt. Links unten sehen wir die Mitterkaseralm, rechts blicken wir zur Königsbergalm hinunter und zum Schneibsteinhaus hinüber.

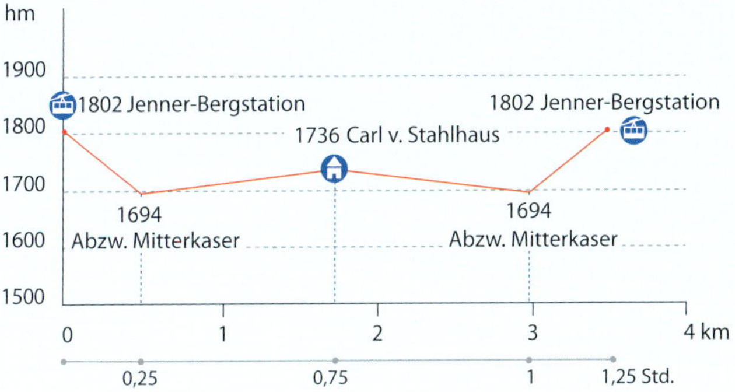

Der Ausblick vom **Carl-von-Stahlhaus** ist imposant. Seine Lage im Torrener Joch bietet nach Osten einen schönen Blick ins österreichische Bluntautal und nach Westen ins Königsbachtal.

Für den Abstieg besteht alternativ zur Rückkehr zur Bergstation die Möglichkeit, über die **Mitterkaseralm** zur **Mittelstation** abzusteigen und dort erst in die Bahn einzusteigen.

Bild links: Das Carl-von-Stahlhaus; Bild unten: Der Wegverlauf vom Jenner (links) hinüber zum Carl-von-Stahlhaus (rechts).

Ständler
Simon
Unteröd
Hanetz
schönau
Bären-stüberl
Bründl
Oberöd
Waldhäuser
Binder
berg
Bodner
Graben
Winkl
Krenn
Köppeleck
Köppeleck
Reha-Zentrum
Pünz
Unterstein
Schwöb
Unter-
Wald-stein
Schwöb-lehen
Lichtenfels
Dichtler
Kranzbichl
Laxer
Spinner
Kranvogel
Berngrub
Fritzen
Holzen
Bern
Grutschen-häusl
Fasels
Gröll
Mühl-eben
Wildbrand
Thaler
Viertl-brand
Wiesen
Mühlleiten
Alpenhof
Schusterstein
Maler berg
Alpenweit-wanderweg
Margarethenhof
Schönau a. Königssee
(630)
Arten-reit
Königs-see
Glaser
Holz
Vorderbrand
Brandkopf
1156
Koppen-stein
Kreßgraben
Hohenwart
1304
Grünstein
Grünsteinhtt.
1220
Hofreit
Jodler
Dörfl
Brandtner-hof
Toffen
Hochbahn
Neuhausen
Kraulkasergraben
Öd
Nationalpark-Info-Stelle
Klingerbach
Bob- und Rodelbahn
Weiße Wand
Klingeralm
Alpenweit-wanderweg
Villa Beust
Vogelhtt.
Diensthtt.
1206
Christlieger
Schapbachalm
1040
Skihütte
Maler-winkel
Rabenwand
Hochbahn
Vogelhüttenalm
Wasserfallalm
Sommerbichel
1293
Kreuzelwand
604
Ronneralm
(verf.)
Strubkopf
1271
Strubalm
Alpenweit-wanderweg
Herrenrointy
Diensthtt.
Kohlschlag
Falkensteinalm
(verf.)
Nationalpark-Info
Kührointhütte
1420
Brentenwand
Nasser Palfen
Büchsenkopf
Büchsenalm
1247
Diensthtt.
Holzstube
Königsbachalm
1240
Archenkopf
-190-
Im Echo
Aussichtspunkt Archenkanzel
Kesselwand
Kesselbach
Wasserpalfen
Sillenköpfe
E10 (mit dem Schiff)
10 (Var.)
Archenwand
Kessel
Priesberger Moos
1815
(Variante)
Rinnkendl-steig
(603)
Reitsteig
Gotzentalalm
1110
Priesberg
Eiswinkel
Palfenlahner
Abwärtsgraben
Seeaukopf
1505
Unt. Hirschenlauf
Ostwand
St Bartholomä
Gotzenstein
1613
Seeaualm
(verf.)
Mittl. Hirschenlauf
(keine Nächtigung)
-57
l p a r k
g a d e n
KOMPASS

0 500 m

Kehlstein
1837
Ofner Kirche
1457
Diensthtt.
Eckeralm
Mannlköpfe
452
Mannlsteig
Eckerfirst
1413
Purtschellerhaus
1692
13
451
Schusterweg
1426
Rauchfang
2253
452
Nur für Geübte!
Wilder Freithof
Winkel
1190
Ligeretalm
Brunnhaus
Dürreck
Scharitzkehlalm
1046
Endstal
Jugenddorf
Christophorusschule
Pflughörndl
2047
Hoher Göll
2522
Dürreckberg
Alpelköpfe
Alpeltalsteig
457
1923
45
Brettgabel
1805
Umgäng
451
Göllscharte
2384
451
2391
Großer Archenkopf
Hochscha
2344
2331
2340
Brettriedel
2306
Gamskar
Krautkaseralm
Jägerkreuz
Hörnlbrett
Hohes Brett
Alpenweitww.
Vogelstein
Mitterkaseralm
Mitterkaseralm
1534
1705
451
Pfaffenkegel
START
1802
499
Alpenweitwanderweg
1736
14,451
498
Carl-v.-Stahl-Haus
Obere Jochalm
1399
1728
Torrener Joch
Königsbergalm
Schneibsteinhaus
1670
Jhtt.
Fischbach
Alpwinklalm
1140
498
Die Stube
Untere Jochalm
1172
Bluntautal
451
Lohmaishütte
Alpenweitwanderweg
Bärenwand
Ruckkar
Königstal-A
12,416
Blühnwa
Schlumlalm
2276
Schneibstein
Farrenleitenwand
1716
Königstalwand
Reinersberg
Rothspielscheibe
1940
416,454
2098
Rotwa
Brenneteck
Gartenbo
Windscharte
Windschartenkopf
1960
Fahrtgrube
2211
Schlumkopf
1690
Fagstein
2204
454
2007
Hinter Schlumalm (verf.)
Blösing
Schlumscharte
Schlumlalm
Jhtt. Eiblhöhe
1926
Hochseeleinkopf

8. Kührointhütte, 1420 m

Lange Hüttentour mit Rückweg-Alternative

Ausgangspunkt: Königssee 604 m | **Charakter:** Langer Anstiegs- und Abstiegsweg mit steilerer Passage beim Anstieg zur Grünsteinhütte | **Einkehr:** Grünsteinhütte, Kührointhütte | **Karte:** Kompass Nr. 14

Mittel | 11 km | 800 hm / 800 hm | 5 Std.

Vom **Königssee-Hafen** gehen wir nach rechts am Ufer entlang, über die Holzbrücke und folgen dem Schild „Grünstein". Wir passieren nach etwa 1 Std. das obere Ende der Bobbahn und zweigen kurz darauf nach rechts ab.

Der schmale, serpentinenreiche Pfad steigt ziemlich steil und schweißtreibend durch den Wald an, hält aber eindrucksvolle Ausblicke in die schroffen Felsen des Klinggrabens parat. Nach etlichen Stufen und engen Kehren stoßen wir nach einer Dreiviertelstunde auf den von links kommenden Wanderweg von der Kührointhütte.

Der Abstecher nach rechts zur bewirtschafteten **Grünsteinhütte** ist nur wenige Minuten.

Der Höhenweg zur Kühroint verläuft sehr schattig auf einem teils wurzeligen Waldpfad bis er auf einen breiten Fahrweg trifft, dem wir links leicht ansteigend folgen. Nach gut einer Stunde erreichen wir die **Kührointhütte**.

Für den Rückweg nehmen wir die Alternative 443, die kurz hinter der Kühroint über den Fahrweg direkt in den Wald führt. Anfangs recht schöner und aussichtsreicher, leicht abfallender Waldpfad. Nach 20 Minuten überquert man einen Fahrweg und folgt weiter der Königssee-Beschilderung durch jetzt dichteren Wald. Nach weiteren 10 Minuten trifft man wieder auf einen breiteren Weg, der als sehr steiler Kiesweg in großen Serpentinen abwärts führt. Hier sind Stöcke sehr angebracht!

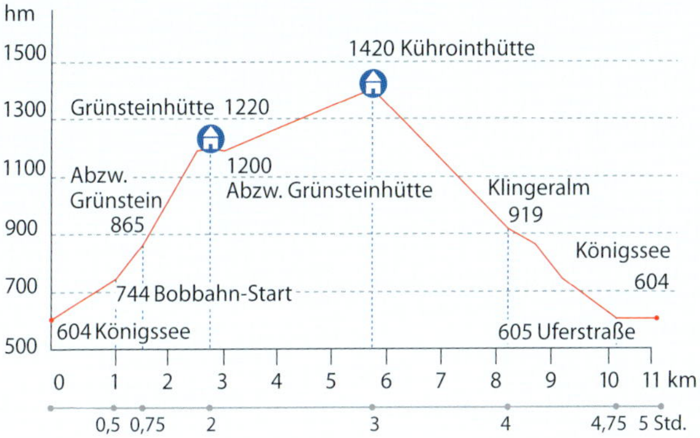

Nach etwa einer Dreiviertelstunde kann man geradeaus den Grünstein erkennen, man überquert einen Bach, und folgt vor der Klingeralm dem Weg nach rechts weiter bergab. Kurz darauf passiert man den Abzweig zum Grünstein und wenig später erreicht man wieder die Bobbahn. Wir verlassen den breiten Weg und steigen die wenigen Meter zum Starthaus ab und folgen dem asphaltierten Sträßchen entlang der Bahn bis zum Königssee hinunter. Unten kurz links und über die Holzbrücke zurück nach **Königssee**.

Bild links: Die Kührointhütte ist ein begehrtes Einkehrziel; Bild unten: So empfängt die Kühroint den Wanderer, der vom Königssee kommt.

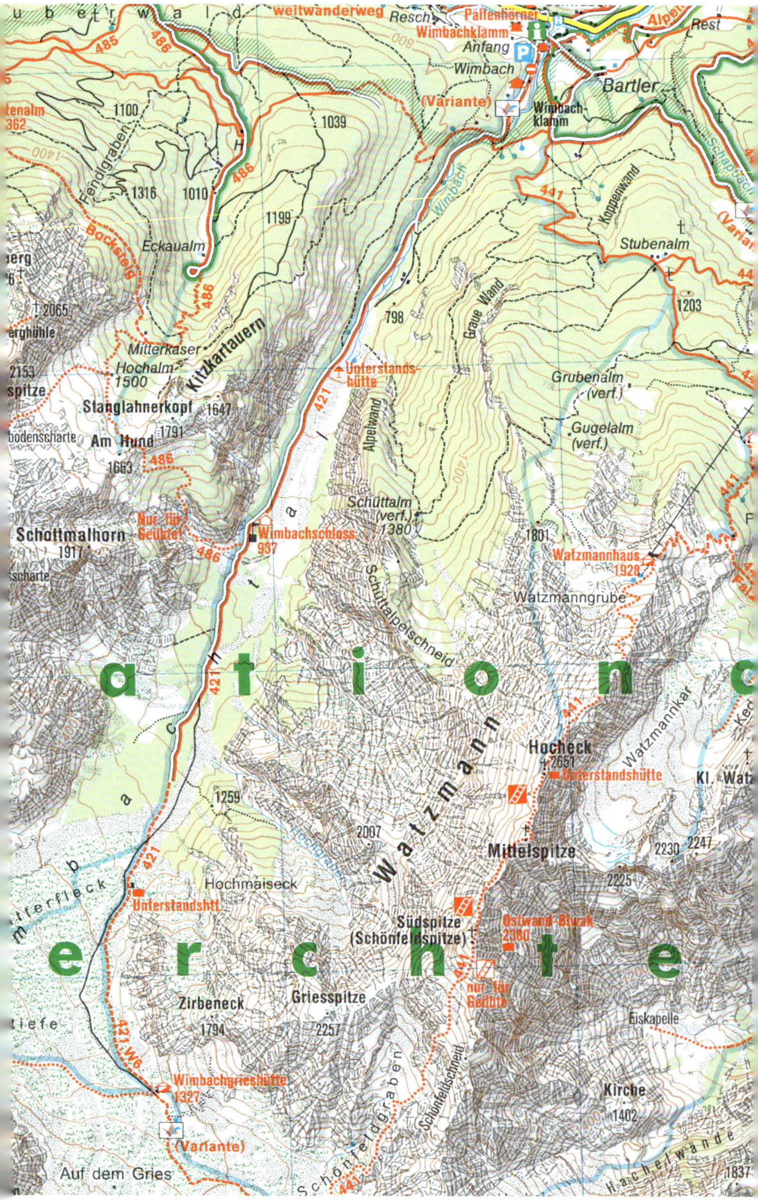

Wimbachklamm
Anfang
Wimbach
Bartler
(Variante)
Wimbachklamm
Stubenalm
Eckaualm
Bocksteig
Kitzkartauern
Mitterkaser
Hochalm 1500
Stanglahnerkopf
Am Hund
Unterstandshütte
Alpelwand
Graue Wand
Grubenalm (verf.)
Gugelalm (verf.)
Schüttalm (verf.) 1380
Schottmalhorn
Nur für Geübte!
Wimbachschloss 937
Watzmannhaus 1928
Watzmanngrube
Schüttalpelschneid
Watzmann
Hocheck 2651
Unterstandshütte
Watzmannkar
Mittelspitze
Hochmaiseck
Unterstandshtt.
Südspitze (Schönfeldspitze)
Ostwand-Biwak 2380
nur für Geübte
Zirbeneck 1794
Griesspitze 2257
Eiskapelle
Wimbachgrieshütte 1327
(Variante)
Kirche
Schönfeldschneid
Schönfeldgraben
Hachelwände
Auf dem Gries

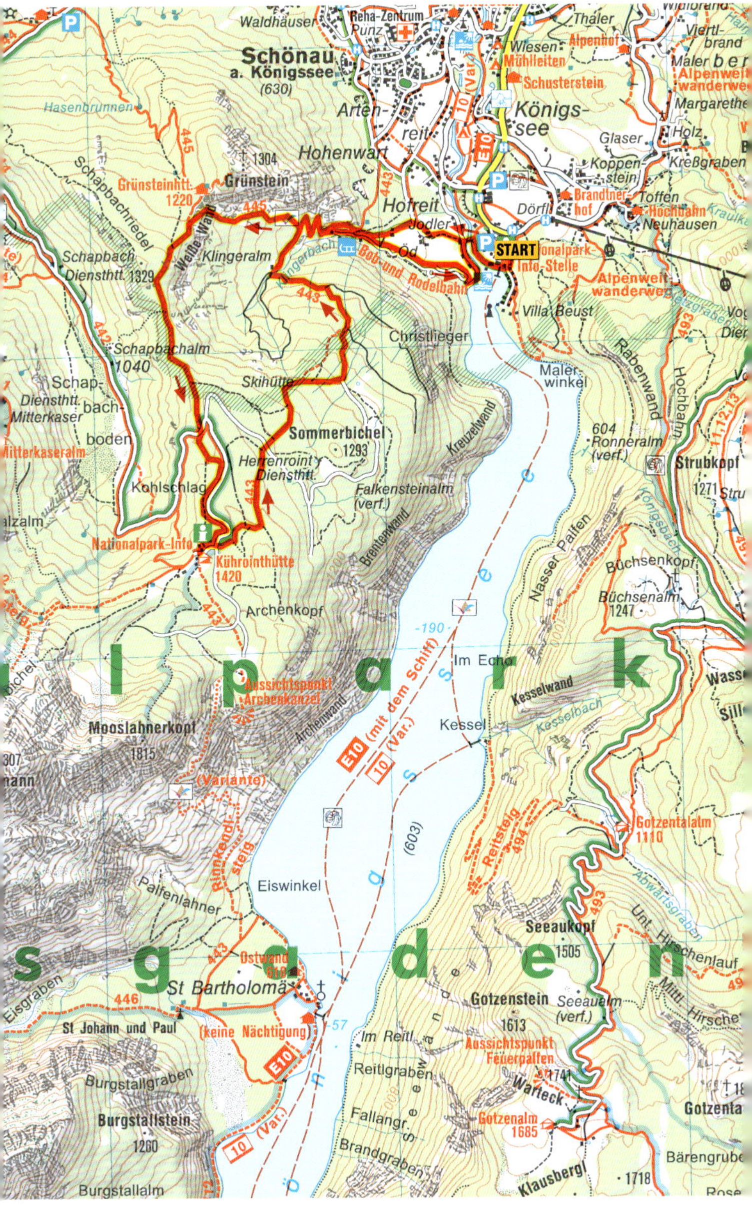
Schönau
a. Königssee
(630)
Königs-
see
Grünsteinhtt.
1220
Grünstein
Hohenwart
Hofreit
START
Nationalpark-
Info-Stelle
Bob- und Rodelbahn
Klingeralm
Weiße Wand
Schapbachalm
1040
Skihütte
Sommerbichel
1293
Herrenroint
Diensthtt.
Nationalpark-Info
Kührointhütte
1420
Archenkopf
Aussichtspunkt
Archenkanzel
Mooslahnerkopf
1815
(Variante)
Rinnkendlsteig
Eiswinkel
Palfenlahner
Ostwand
St Bartholomä
(keine Nächtigung)
St Johann und Paul
Burgstallstein
1260
E10 (mit dem Schiff)
10 (Var.)
Kessel
Im Echo
Kesselwand
Gotzentalalm
1110
Reitsteig
494
Seeaukopf
1505
Gotzenstein
1613
Aussichtspunkt
Feuerpalfen
Warteck
Gotzenalm
1685
Klausberg
Büchsenkopf
Büchsenalm
1247
Strubkopf
1271
Alpenweit-
wanderweg
Villa Beust
Christlieger
Malerwinkel
Ronneralm
(verf.)
Brandtnerhof
Hochbahn
Schusterstein
Mühlleiten
Alpenhof
Falkensteinalm
(verf.)
Kreuzelwand
Brentenwand
Archenwand
Nationalpark Berchtesgaden
Königssee

9. Gotzentalalm, 1110 m – Königsbachalm, 1240 m

Über den Reitsteig zu aussichtsreichen Almen

Ausgangspunkt: Königssee, Bedarfshaltestelle „Kessel", 604 m
Charakter: Einige steile Kehren im Mittelteil des Reitsteigs; der Querweg Gotzentalalm-Königsbachalm ist ein einfacher, meist schattiger Waldpfad | **Einkehr:** Gotzentalalm, Königsbachalm, Seitenalm | **Karte:** Kompass Nr. 10

Leicht | 12 km | 650 hm 650 hm | 4,75 Std.

Nicht vergessen, dem Kapitän des Königssee-Schiffes Bescheid zu sagen, dass er Sie an der **Bedarfshaltestelle „Kessel"** absetzt.

Der Reitsteig führt uns zuerst in südlicher Richtung am Ufer entlang und bringt uns dann in teils engen und steilen Kehren durch den Wald hoch. Wie bei allen Steigen, die durch steilen Wald führen, sind trockene Verhältnisse Voraussetzung für eine angenehme Tour!

Nach anderthalb Stunden erreichen wir die **Gotzentalalm** und den Fahrweg der von Hinterbrand zur Gotzenalm führt – ein Eldorado für Mountainbiker. Wir nehmen aber den Pfad der rechts von der Gotzentalalm etwas oberhalb ansteigt und uns in den Wald führt. Auf diesem angenehm schattigen Waldpfad, der erst zum Schluss wieder über freies und sonniges Almgelände führt, gelangen wir ohne großen Höhenunterschied in einer knappen Stunde zur bewirtschafteten **Königsbachalm**.

Für den Weiterweg können wir ab hier zwischen zwei Möglichkeiten wählen. Die kürzere und angenehmere Variante führt über den Wanderweg 497 direkt zur **Mittelstation** der Jennerbahn (1 Std.). Die längere Variante bringt uns auf dem Fahrweg zur Abzweigung des Hochbahnweges (493) und über diesen zur Talstation und nach **Königssee** (1,5 Std.).

Bild rechts: Schön ist der Weg von der Gotzentalalm zu sehen, der in der Bildmitte von oben herab zur Königsbachalm verläuft. Der Weg nach rechts ist die Gotzenfahrstraße, die auch von den Bikern benützt wird.

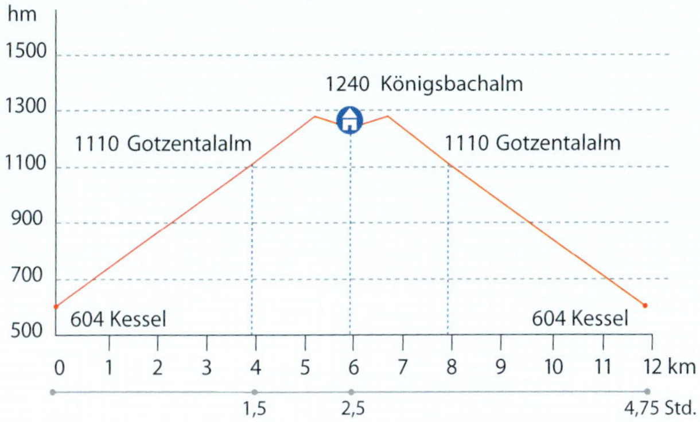
hm
1500
1300
1100
900
700
500
1240 Königsbachalm
1110 Gotzentalalm
1110 Gotzentalalm
604 Kessel
604 Kessel
0
1
2
3
4
5
6
7
8
9
10
11
12 km
1,5
2,5
4,75 Std.

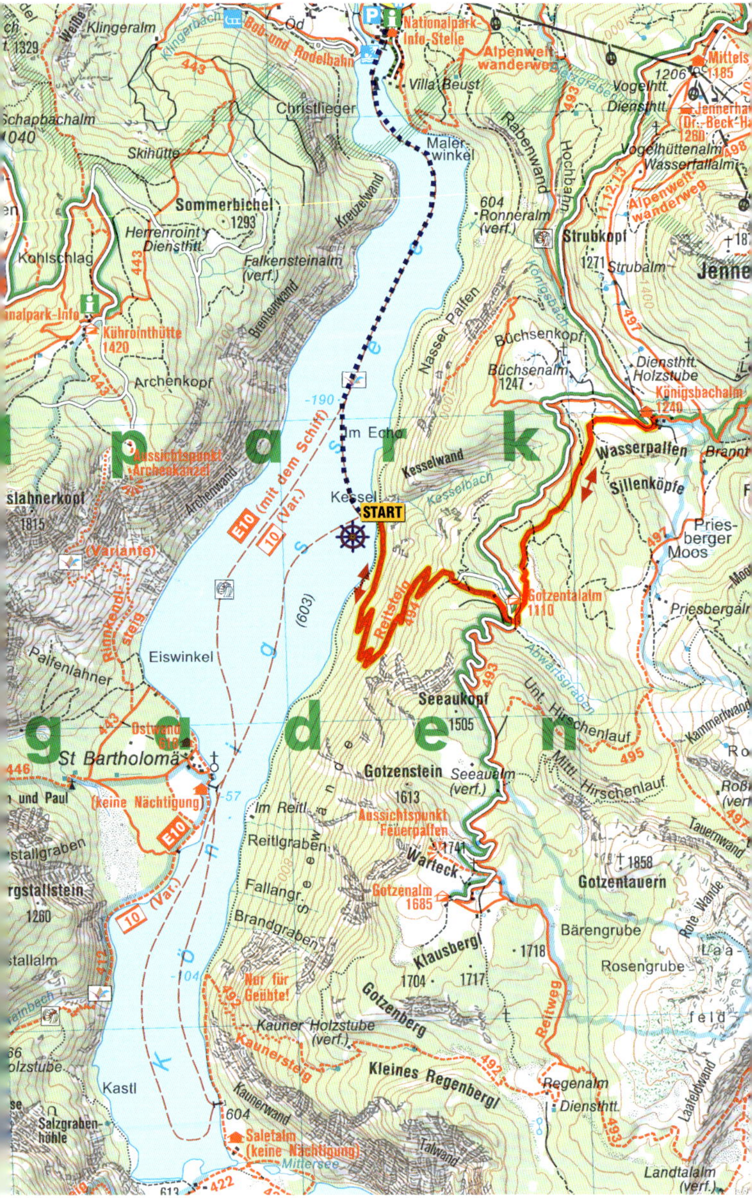

KOMPASS

0 500 m

Umgang
Göllscharte
2384
Hochscharte
451
2391
2344
Großer Archenkopf
Kamme
2331
2340
Brettriedel
2306
Jägerkreuz
Hohes Brett
Gamskar
Hörnlbrett
Krautkaseralm
Alpen-
weitww.
Vogelstein
Mitterkaseralm
1705
Mitterkaseralm
1534
Pfaffenkegel
1736
14,451
Obere Jochalm
1399
1802
499
Alpenweit-
wanderweg
498
Carl-v.-Stahl-Haus
1728
Torrener Joch
Alpwinklalm
1140
Königsbergalm
Jhtt.
Fischbach
Schneibsteinhaus
1670
Hubert
Bluntautal
Die Stube
Untere Jochalm
1172
451
Alpenweitwanderweg
451
Bärenwand
Ruckkarl
12,416
Königstal-A
Blühnwand
Schlümlalm
2276
Schneibstein
1716
Königstalwand
Reinersberg
Rotwand
Rothspielscheibe
1940
416,454
2098
Brenneteck
Windscharte
1960
Gartenboden
Windschartenkopf
Fahrt-
grube
2211
Schlumkopf
Fagstein
1690
454
2204
2007
Hinter Schlumalm
(verf.)
Blösing
Schlumscharte
Graflschlümlalm
Hochseeleinkopf
1926
Jhtt. Eiblhöhe
416
2109
Hochseeleinscharte
1995
Vorderschlumgra
1890
(verf.)
Seeleinalm
Seeleinsee
NSG
Mandlhöhe
2049
Kalkhochalpen
Bergs
2006
1949
Kahlersberg
2350
Unterlängtal
1995
HAGENGEBIRGE
Kahlersbergalm
(verf.)
2082
1881
Lengtal
Oberlangtal
Bärensunkschoß
2173
Eisenpfad
Bärensunkalm
Lengtalschneid
Vorderer-

10. Gotzenalm, 1685 m

Zum Aussichtsbalkon über dem Königssee

Ausgangspunkt: Königssee, Bedarfshaltestelle Kessel, 604 m
Charakter: Der Reitsteig verläuft im Wald mit einigen steilen Kehren; ab der Gotzentalalm breiter Forstweg mit weiten, teils steileren Serpentinen | **Einkehr:** Gotzenalm | **Karte:** Kompass Nr. 14

Leicht | 16 km | 1080 hm / 1080 hm | 6,25 Std.

Die schnellste und kürzeste Verbindung zur einladenden und aussichtsreichen Gotzenalm ist der Weg von der **Bedarfshaltestelle „Kessel"** über den Reitsteig. Bis zur Gotzentalalm siehe Beschreibung bei Tour 9.

Ab der **Gotzentalalm** folgen wir dem breiten, kehrenreichen und teilweise recht steilen Fahrweg. Nach einem flachen Zwischenstück geht es die letzten Kehren dann nochmals steil bergan.

Direkt am Rand des Hochplateaus zweigt dann nach rechts ein schmaler Pfad ab, der uns in wenigen Minuten über die Wiesen zum ausgeschilderten Aussichtspunkt **„Feuerpalfen"** bringt.
Zuerst steigen wir leicht an zum Warteckkamm (1741 m) und dann wieder etwas abwärts bis zu den schroff abbrechenden Felsen vor. Von der mit einem Geländer gesicherten Aussichtsplattform genießt man herrliche Tiefblicke auf den Königssee.

Kurz zurück auf den Anstiegsweg und nach rechts hinüber zur bereits sichtbaren – und in der Regel von Wanderern und Radlfahrern – vielbesuchten **Gotzenalm**. Auch von hier bieten sich herrliche Rundumblicke vom Hohen Göll bis ins Steinere Meer und hinüber nach Westen zu Watzmann und Hochkalterer. Gut zu sehen ist vor allem auch das Watzmannhaus.

Wer nicht den gleichen Weg zurück zum Kessel gehen will, kann alternativ ab der Gotzentalalm über die Königsbachalm zur **Mittelstation** der Jennerbahn wandern, oder über den Hochbahnweg direkt bis **Königssee** absteigen. Ein Mehraufwand von 0,5 bis ca. 1 Stunde.

Bild rechts: Rast auf der Gotzenalm. Im Hintergrund der Kahlersberg.

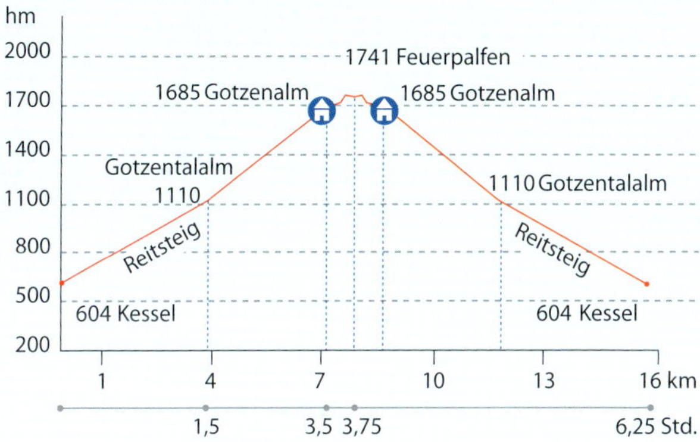
hm
2000
1700
1400
1100
800
500
200
1741 Feuerpalfen
1685 Gotzenalm
1685 Gotzenalm
Gotzentalalm
1110
1110 Gotzentalalm
Reitsteig
Reitsteig
604 Kessel
604 Kessel
1
4
7
10
13
16 km
1,5
3,5
3,75
6,25 Std.

KOMPASS

0 500 m

Göllscharte
2384
Hochscharte
451
2391
2344
Großer Archenkopf
Kraütkaseralm
Alpen-
weitww.
Jägerkreuz
2331
2340
Brettriedel
Hohes Brett
Gamskar
2306
Hörnlbrett
Vogelstein
Mitterkaseralm
1534
1705
Pfaffenkegel
499
1802
1736
14,451
Obere Jochalm
1399
Alpenweit-
wanderweg
498
Carl-v.-Stahl-Haus
1728
Torrener Joch
Jhtt
Königsbergalm
Schneibsteinhaus
1670
Fischbach
Alpwinklalm
1140
Bluntautal
Hubert
Die Stube
Untere Jochalm
1172
451
Alpenweitwanderweg
Bärenwand
Ruckkarl
Königstal-A
12,416
Blühnwand
Schlümlalm
2276
Schneibstein
1716
Königstalwand
Reinersberg
Rothspielscheibe
1940
416,454
Rotwand
2098
Brenneteck
1960
Gartenboden
Windscharte
Windschartenkopf
Fahrt-
grube
2211
Schlumkopf
Fagstein
1690
2204
454
2007
Hinter Schlumalm
(verf.)
Blösing
Schlumscharte
Graflschlümlalm
Hochseeleinkopf
1926
Jhtt. Eiblhöhe
2109
416
Hochseeleinscharte
1995
Vorderschlumgr
1890
(verf.)
Seeleinalm
Seeleinsee
NSG
Mandlhöhe
2049
Kahlersberg
1949
2006
Kalkhochalpen
Bergsp
2350
Unterlangtal
1995
HAGENGEBIRGE
496
Kahlersbergalm
(verf.)
2082
1881
Lengtal
Oberlangtal
Bärensunkschoß
Eisenpfad
2173
Bärensunkalm
Vorderer-
Lengtalschneid

11. Eiskapelle, 835-1000 m

Kurzer Ausflug zum Fuß der Watzmann-Ostwand

Ausgangspunkt: Königssee, Anlegestelle St. Bartholomä, 604 m
Charakter: Leichte Wanderung auf breitem Weg, dann über Geröll und erst zum Schluss, am Schneefeld entlang steiler ansteigend | **Einkehr:** St. Bartholomä | **Karte:** Kompass Nr. 14

Leicht | 8 km | 230 hm / 230 hm | 2,25 Std.

Von **St. Bartholmä** verlassen wir das Gasthaus und vor der Nationalpark-Information halten wir uns links und folgen dem Schild „Eiskapelle". Ein breiter Kiesweg bringt uns fast eben durch den schattigen Wald. Nach 10 Minuten überqueren wir vor der **Kapelle St. Johann und Paul** auf einer Holzbrücke den Bach. Der Weg verengt sich zu einem schmaleren Pfad und es geht kurz aufwärts über Holzstufen – die Eiskapelle ist von hier mit einer Dreiviertelstunde angegeben. Über mehrere Kehren geht es im schattigen Wald steiler bergan, bis wieder ein flacheres Stück folgt. Wir durchqueren ein trockenes Bachbett und treffen nach etwa einer halben Stunde zu einem breiten, mit Schotter und Steinen gefüllten Bachbett und zu einem Schild: Achtung – Betreten der Eishöhlen und der Eisflächen verboten! Links vom Schotterbach steigen wir etwas steiler an, und verlassen kurz darauf den schattigen Wald. Die Bachläufe sind an geeigneten Stellen zu überqueren, man hält sich immer direkt auf das vor einem liegende **Eisfeld** zu, dessen unterer Rand nach knapp einer Stunde erreicht wird.
Links am Schneefeld entlang kann man nun, in weiteren 15 Minuten, steiler über Fels und Geröll und durch Latschen bis zum linken oberen Rand hochsteigen. Von hier hat man einen schönen Überblick über das gesamte Schneefeld, den Eisgraben hinunter bis zum Königssee und einen guten Einblick in die Ostwand des Watzmanns mit seinen diversen Wasserfällen. Der Rückweg verläuft über den Anstiegsweg.

Rechts: Die Eiskapelle unterhalb der Ostwand.
Unten: Tiefblick bis zum Königssee.

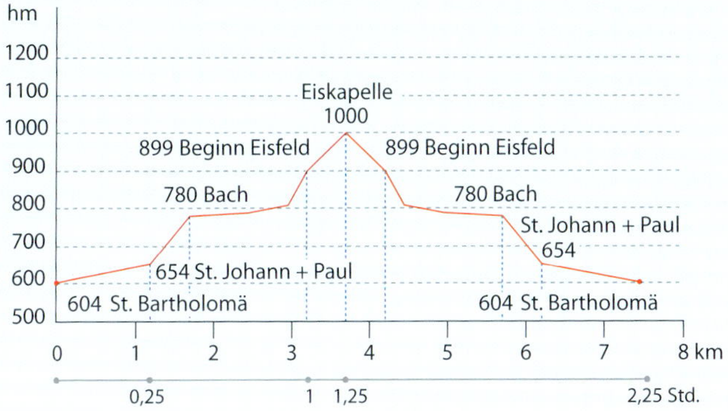

hm
1200
1100
1000
900
800
700
600
500
Eiskapelle
1000
899 Beginn Eisfeld
899 Beginn Eisfeld
780 Bach
780 Bach
St. Johann + Paul
654
654 St. Johann + Paul
604 St. Bartholomä
604 St. Bartholomä
0
1
2
3
4
5
6
7
8 km
0,25
1
1,25
2,25 Std.

Am Hund
1663
486
Schottmalhorn
1917
Nur für Geübte!
Wimbachschloss
937
Schüttalm
(verf.)
1380
1801
Watzmannhaus
1928
Watzmanngrube
Schüttalpelschneid
a t i o n
Watzmann
Watzmannkar
Hocheck
2651
Unterstandshütte
Kl. Wa
1259
2007
Mittelspitze
2230
2247
2225
Hochmaiseck
Unterstandshtt.
Südspitze
(Schönfeldspitze)
Ostwand-Biwak
2380
e r c h t e
nur für Geübte
Zirbeneck
1794
Griesspitze
2257
Eiskapelle
421,W6
Wimbachgrieshütte
1327
(Variante)
Schönfeldgraben
Schönfeldschneid
Kirche
1402
Hachelwände
Auf dem Gries
Kirche
1581
Seilergraben
Hocheis
417,421
Banngraben
Hirschwiese
Tabakmannl
2021
2000
2066
Hachelkopf
Diensthtt.
1798
Trischübelalm
(verf.)
Maus
2229
Rotleitenschneid
Rauhe Köpfe
Sigeretplatte
Unterlahner-A.
(verf.)
419
411
Graskopf
2094
421
2396
Hundstodkendelkopf
2210
nur für Geübte!
Saugasse
Gjaidkopf
2268
2185
Hundstodgruben
2096
Neuhütt
Großer Hundstod
2593
Hundstodgatterl
2188
Gjaidgraben
1384
Oberlahneralm
(verf.)
Schneiber
2330
Gamskar
Bärengraben
Pfleger-
2010

0 500 m

Mitterkaseralm
Kohlschlag
Herrenroint
Diensthtt.
1293
Falkensteinalm
(verf.)
Ronneralm
(verf.)
Strubkopf
1271
Falzalm
Nationalpark-Info
Kührointhütte
1420
Brentenwand
Büchsenkopf
Büchsenalm
1247
Nasser Palfen
Königsbach
Archenkopf
-190
Im Echo
Kesselwand
Kessel
Kesselbach
Aussichtspunkt
Archenkanzel
Archenwand
E10 (mit dem Schiff)
10 (Var.)
Mooslahnerkopf
1815
2307
(Variante)
Rinnkendlsteig
(603)
Reitsteig
494
Gotzentalalm
1110
Eiswinkel
Palfenlahner
Abwärtsgraben
Unt. Hirschenlauf
Seeaukopf
1505
493
Ostwand
618
443
446
442
St Bartholomä
START
Eisgraben
St Johann und Paul
(keine Nächtigung)
Gotzenstein
1613
Seeaualm
(verf.)
Mittl. Hirsche
Im Reitl
Aussichtspunkt
Feuerpalfen
1741
Reitlgraben
Warteck
Gotzent
Burgstallgraben
E10
Burgstallstein
1260
10 (Var.)
Fallangr.
Gotzenalm
1685
Bärengrub
Brandgraben
Klausbergl
1718
Burgstallalm
412
1704
1717
Nur für
Geübte!
492
-104
Gotzenberg
Reitweg
Schrainbach
Schrainbachalm
(verf.)
866
Holzstube
Kauner Holzstube
(verf.)
Kaunersteig
Kleines Regenbergl
Regenalm
Diensthtt.
Kastl
Hachelklause
Salzgrabenhöhle
Kaunerwand
604
Saletalm
(keine Nächtigung)
Mittersee
Talwand
493
613
422
424
Salet
Regentiefe
Landtalw
Nur für
Geübte!
Sagereckwand
Sagereckst.
Obersee
(613)
620
Fischunkelalm
1865
Sagereckalm
(verf.)
Halsköpfl
Walchhüttenwand
Halsgrube
Halsalm
(verf.)
1719
Simetsbergalm
(verf.)
Fischunkel
Wass
Königssee
Nationalpark
Berchtesgaden
Simetsberg

12. Archenkanzel, 1346 m

Über den Rinnkendlsteig zum Aussichtspunkt

Ausgangspunkt: Königssee, Anlegestelle St. Bartholmä, 604 m
Charakter: Der Rinnkendlsteig hat einige ausgesetzte Passagen und verlangt Trittsicherheit, ist aber an den notwendigen Stellen versichert | **Einkehr:** St. Bartholomä | **Karte:** Kompass Nr. 14

Mittel | 7 km | 740 hm / 740 hm | 5,25 Std.

Beim Holzhaus der Nationalpark-Information hinter dem Gasthaus von **St. Bartholomä** halten wir uns rechts und folgen dem Schild „Rinnkendlsteig".
Am Ufer entlang gelangt man nach 10 Minuten zum Beginn des Steigs, der im Wald nach oben führt. Kurz nach der ersten Querung über eine freie Hangfläche mit Blick zum See, erreicht man auch die erste Drahtseilsicherung. Der Steig ist mit etlichen Holzstufen, Holzleitern und vielen neuen Drahtseilen an den wichtigen Stellen ausgestattet. Die Serpentinen werden nun steiler, schattige Abschnitte wechseln sich mit recht sonnigen Passagen ab, die dann aber sehr schöne Tiefblicke zum Königssee erlauben. Nach gut eineinviertel Stunden wird der Steig felsiger, Eisentritte und Drahtseilsicherungen häufen sich, bis es nach weiteren 15 Minuten über eine Leiter kurz abwärts geht. Anschließend in einem Linksschwenk wieder bergauf über eine mit Drahtseilen gesicherte Leiter. Es folgt ein relativ ebener Abschnitt, bis es wieder über eine Leiter steiler bergab geht. Kurz darauf, wieder bei einer Leiter, kommt nach etwas mehr als 2 Stunden Gehzeit der Schlussanstieg, der in der großen Schlucht verläuft.

Die mit Geländer versehene Archenkanzel ist ein Aussichtspunkt der Extraklasse.

Am oberen Ende des Anstiegs ist die Wegmarkierung nach rechts zur **Archenkanzel**, die nach rund zweieinhalb Stunden erreicht ist. Der Rückweg verläuft über den Anstiegsweg.

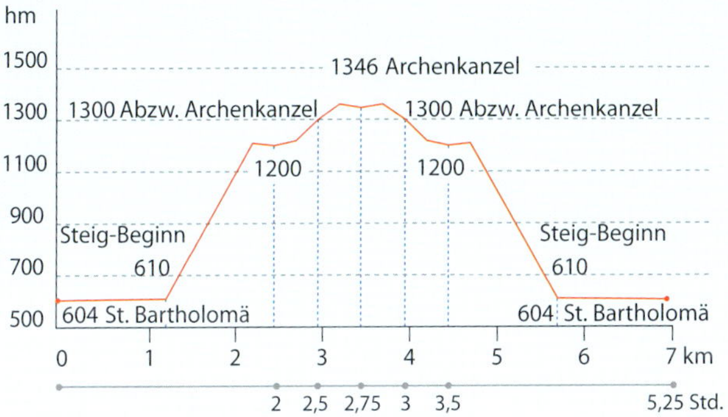

Einige Passagen des Rinnkendlsteigs verlangen Trittsicherheit.

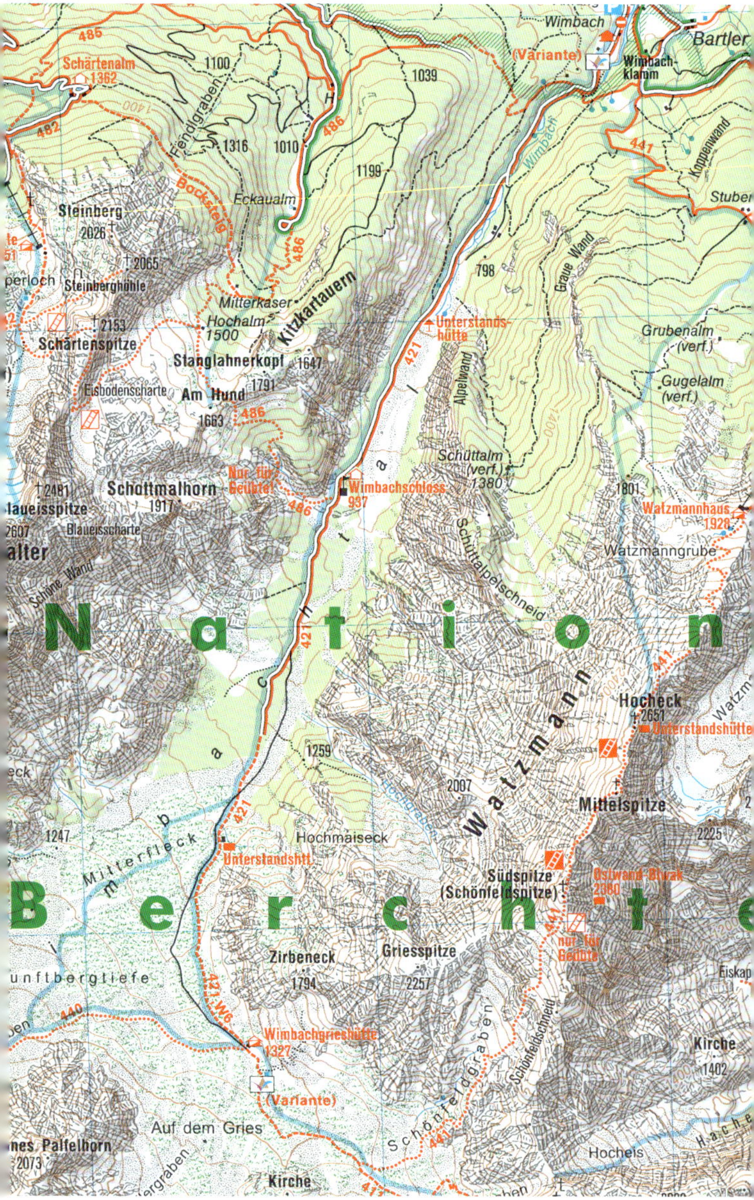
Wimbach
Bartler
(Variante)
Wimbach-klamm
Schärtenalm 1362
1100
1039
Fendlgraben
1316
1010
1199
Wimbach
441
Koppenwand
Bocksteig
Eckaualm
Stuben
Steinberg
2026
2065
Steinberghöhle
Kitzkartauern
Mitterkaser
798
Graue Wand
Hochalm 1500
2153
Schärtenspitze
Unterstands-hütte
Grubenalm (verf.)
Stanglahnerkopf
1647
1791
Alpelwand
Gugelalm (verf.)
Eisbodenscharte
Am Hund
1663
486
421
Schüttalm (verf.) 1380
Nur für Geübte!
Wimbachschloss 937
1801
2481
Schottmalhorn
1917
Watzmannhaus 1928
Blaueisspitze
2607
Blaueisscharte
Watzmanngrube
Schüttalpelschneid
Schöne Wand
N a t i o n
Hocheck
2651
Unterstandshütte
Watzmann
1259
2007
Mittelspitze
2225
1247
Hochmaiseck
Mitterfleck
Unterstandshtt.
Südspitze (Schönfeldspitze)
Ostwand-Biwak 2380
B e r c h t e
nur für Geübte
Zirbeneck
1794
Griesspitze
2257
Eiskap
440
Wimbachgrieshütte 1327
421,W6
Kirche
1402
(Variante)
Schönfeldgraben
Schönfeldschneid
Auf dem Gries
Palfelhorn
2073
Hocheis
Kirche
0 500 m

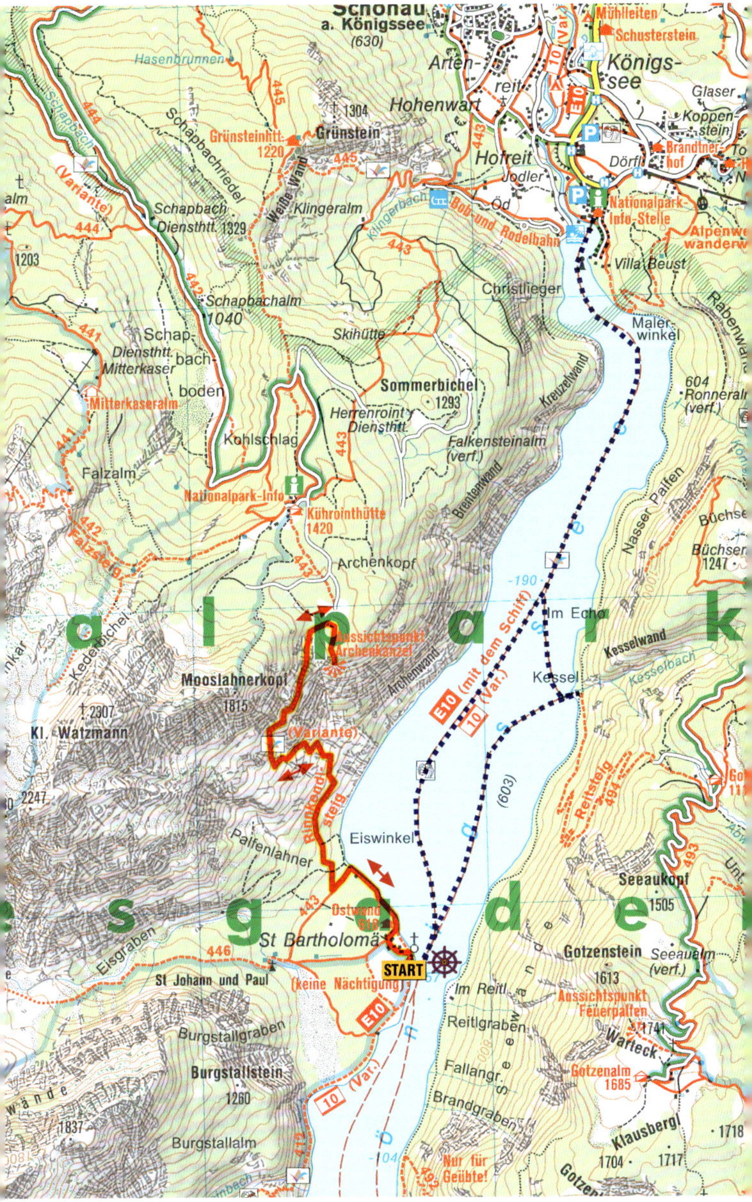

Schönau a. Königssee
(630)
Königssee
Hasenbrunnen
Grünsteinhtt. 1220
Grünstein
Hohenwart
Arten-reit
Hofreit
Jodler
Öd
Dörfl
Mühlleiten
Schusterstein
Glaser
Koppen-stein
Brandtner-hof
Nationalpark-Info-Stelle
Villa Beust
Alpenwanderw
Schapbachriedel
Weiße Wand
Klingeralm
Klingerbach
Bob- und Rodelbahn
(Variante)
Schapbach Diensthtt. 1329
Schapbachalm 1040
Schap-bach-boden
Diensthtt. Mitterkaser
Mitterkaseralm
Skihütte
Christlieger
Malerwinkel
Rabenwand
Sommerbichel
1293
Herrenroint Diensthtt.
Falkensteinalm (verf.)
Kreuzelwand
604 Ronneralm (verf.)
Kohlschlag
Falzalm
Nationalpark-Info
Kührointhütte 1420
Brentenwand
Nasser Palfen
Büchsen
1247
Falzsteig
Archenkopf
Im Echo
Aussichtspunkt Archenkanzel
Mooslahnerkopf
1815
Kederbichel
2307
Kl. Watzmann
Archenwand
Kessel
Kesselwand
Kesselbach
E10 (mit dem Schiff)
10 (Var.)
(Variante)
Rinnkendlsteig
(603)
Reitsteig 494
2247
Eiswinkel
Palfenlahner
Seeaukopf
1505
493
Ostwand 618
St Bartholomä
Eisgraben
446
St Johann und Paul
START
(keine Nächtigung)
Gotzenstein
1613
Seeaualm (verf.)
Im Reitl
Aussichtspunkt Feuerpalfen
1741
Reitlgraben
Warteck
Seewand
Burgstallgraben
Fallangr.
Gotzenalm 1685
Burgstallstein
1260
Brandgraben
Klausbergl
1718
1704
1717
1837
Burgstallalm
Nur für Geübte!
Königssee

13. Kührointhütte, 1420 m

Felssteig und Almwege hoch überm Königssee

Ausgangspunkt: Königssee, Anlegestelle St. Bartholomä, 604 m
Charakter: Der Rinnkendlsteig verlangt Trittsicherheit; der Abstiegsweg über die Klingeralm ist recht steil, aber breit und problemlos zu gehen | **Einkehr:** Kührointhütte | **Karte:** Kompass Nr. 14

Mittel | 10 km | 800 hm 800 hm | 5 Std.

Der Anstieg über den **Rinnkendlsteig** ist bei Tour 12 beschrieben. Bei der Verzweigung zur Archenkanzel halten wir uns nach links, folgen dem breiten Kiesweg zu einer Plattform (Hubschrauberlandeplatz, Hüttenversorgung). Kurz danach verlässt ein schmaler, leicht ansteigender Pfad den Kiesweg nach links. Nach Überqueren einer Fahrstraße wird der Pfad steiniger und steigt an. Wir durchwandern eine Senke und erblicken nach knapp 3 Stunden vor uns die Gebäude der **Kührointhütte**.

Nach Einkehr in der Kührointhütte marschieren wir auf der breiten Sandstraße bis zur Verzweigung, geradeaus ist der Weg nach Königssee (2,25 Std.), nach links der Weg zur Grünsteinhütte (1 Std.) ausgeschildert.

Wir folgen dem Königssee-Weg, der uns in den schattigen Wald führt. Bei einer Wegverzweigung weist uns die Markierung nach links, ab hier wird der Kiesweg recht steil und führt in großen Serpentinen zur Klingeralm hinab. Kurz vorher öffnet sich der Blick nach vorn, zum Grünstein. Vor der etwas erhöht liegenden Klingeralm überqueren wir einen Bach, halten uns rechts und gelangen wenig später zur Bergstation der **Bobbahn**.

Ein schmaler Steg führt halbrechts zur Bahn hinab und auf Asphalt folgen wir links der Bobbahn bis zum **Königssee**. Am See links zur Holzbrücke und am anderen Ufer rechts entlang zum Parkplatz.

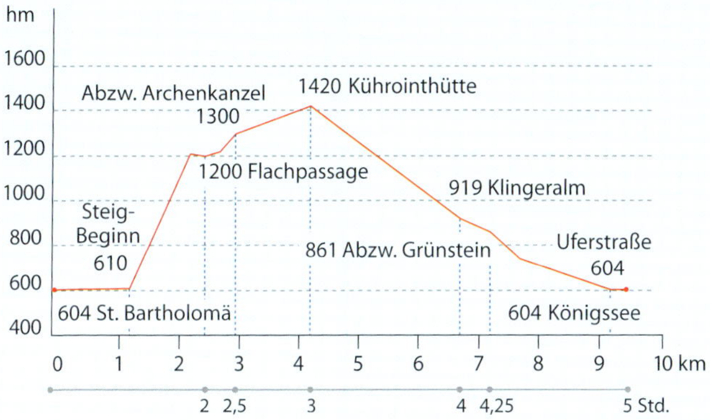

Die einladende Kührointhütte ist ein viel besuchtes Wanderziel. Bild links: Eine der mit Drahtseil und Eisentritten versicherten Schlüsselstellen des Rinnkendlsteigs.

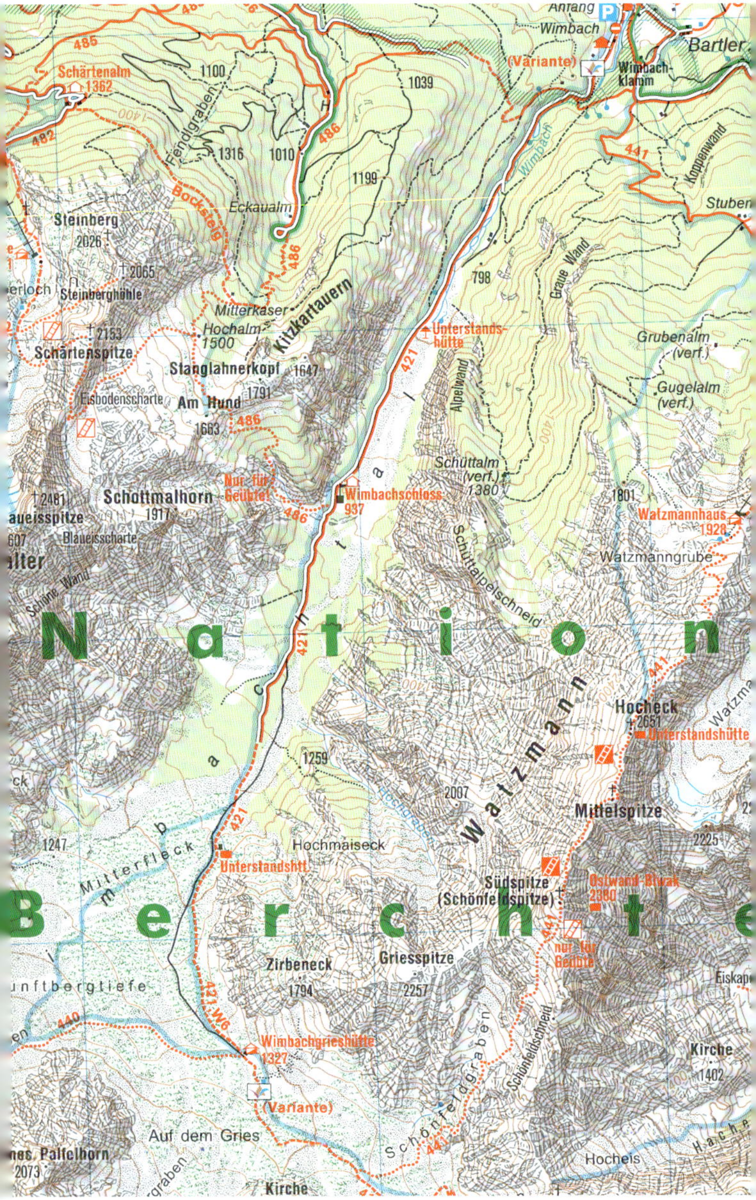

KOMPASS

0 500 m

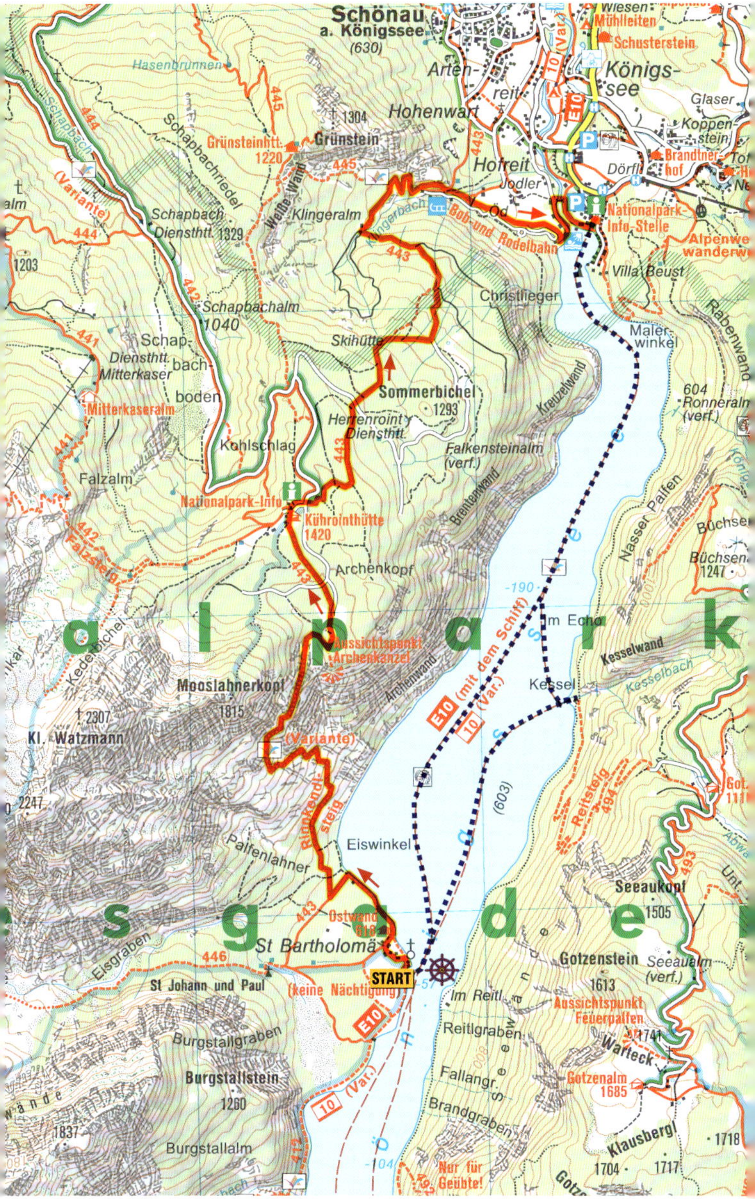

Schönau a. Königssee
(630)
Königssee
Hohenwart
Hofreit
Grünstein
Grünsteinhtt. 1220
Klingeralm
Bob- und Rodelbahn
Nationalpark-Info-Stelle
Christlieger
Malerwinkel
Skihütte
Sommerbichel
1293
Herrenroint Diensthtt.
Falkensteinalm (verf.)
Schapbachalm 1040
Mitterkaseralm
Kohlschlag
Falzalm
Nationalpark-Info
Kührointhütte 1420
Archenkopf
Aussichtspunkt Archenkanzel
Mooslahnerkopf
1815
Kl. Watzmann
Königssee
Kessel
Kesselwand
E10 (mit dem Schiff)
10 (Var.)
(Variante)
Rinnkendlsteig
Eiswinkel
Seeaukopf
1505
Ostwand 618
St Bartholomä
START
(keine Nächtigung)
St Johann und Paul
Gotzenstein
1613
Aussichtspunkt Feuerpalfen
Warteck
Gotzenalm 1685
Burgstallstein
1260
Burgstallalm
Klausbergl
Nur für Geübte!

14. Kärlingerhaus, 1631 m

Einfach, aber lang: Der Zustieg über die Saugasse

Ausgangspunkt: Königssee, Haltestelle St. Bartholomä, 604 m
Charakter: Einfacher, aber langer, und vor der Schrainbachholzstube und im Bereich der Saugasse auch recht steiler Hüttenzustieg. Übernachtung im Kärlingerhaus möglich | **Einkehr:** Kärlingerhaus | **Karte:** Kompass Nr. 14

Leicht | 18 km | 1030 hm 1030 hm | 6,5 Std.

Von **St. Bartholomä** wandern wir Richtung Süden über die Schuttreisen des Eisbachs zur Felswand des Burgstalls. An den Felsen entlang in Kehren recht steil bergauf bis zur **Schrainbachholzstube**.

Etwas weniger steil weiter durch Wald hinauf, vorbei an der Abzweigung zum Trischübelpass und über offenes Almgelände linkshaltend bis man unter die Felsabstürze des Simetsbergs gelangt. Nun die schon länger sichtbare kehrenreiche Saugasse hinauf, ein Steig der sich zwischen den Felsen hochschlängelt, und der sehr der Sonne ausgesetzt ist. Haben wir die obere Almfläche erreicht, passieren wir auch die zweite Abzweigungsmöglichkeit zum Trischübel. Wir wandern jetzt relativ gemächlich hoch zum Funtenseesattel, wo man in der Senke das **Kärlingerhaus** erblickt, das nach wenigen Minuten erreicht ist.

Für den Rückweg gibt es für trittsichere und ausdauernde Geher noch die Möglichkeit der Variante über die Sigeretplatte.
Dieser Steig, der die Saugasse umgeht, ist allerdings nur Geübten vorbehalten, da er über teils steile und ausgesetzte Holzstufen am Fels entlang führt.

Am Kärlingerhaus, mit Blick zum Funtensee.

Bild rechts: Das obere Ende der Saugasse ist erreicht.

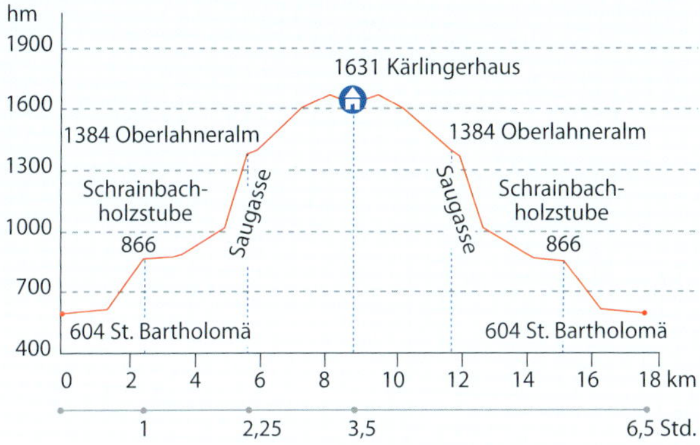
hm
1900
1600
1300
1000
700
400
1631 Kärlingerhaus
1384 Oberlahneralm
1384 Oberlahneralm
Schrainbach-
holzstube
866
Saugasse
Saugasse
Schrainbach-
holzstube
866
604 St. Bartholomä
604 St. Bartholomä
0
2
4
6
8
10
12
14
16
18 km
1
2,25
3,5
6,5 Std.

Watzmann
Mittelspitze
Südspitze
(Schönfeldspitze)
2007
2230
2225
Hochmaiseck
Unterstandshtt.
Ostwand-Biwak
2380
nur für Geübte
Mitterfleck
Berchtesgaden
Zirbeneck
1794
Griesspitze
2257
Eiskapelle
Wimbachgrieshütte
1327
(Variante)
Schönfeldgraben
Schönfeldschneid
Kirche
1402
Hachelwände
Auf dem Gries
Hochels
Kirche
1581
Leoganger Seilergraben
Banngraben
Hirschwiese
Tabakmannl
2021
2000
2066
Hachelkopf
Trischübelalm
(verf.)
Diensthtt.
1798
Rotleitenschneid
2229
Rauhe Köpfe
Sigeretplatte
Unterlahner-A.
(verf.)
Graskopf
2094
Saugasse
Hundstodkendelkopf
2396
2210
Gjaidkopf
2268
2185
nur für Geübte
Hundstodgruben
2096
Großer Hundstod
2593
Hundstodgatterl
2188
Gjaidgraben
1384
Oberlahneralm
(verf.)
Schneiber
2330
Gamskar
Bärengraben
Dießbacheck
Pfleger-
klamm
2010
1815
1751
Kleiner Hundstod
2263
Bärenloch
1628
Ofenloch
Grenzköpfe
Dießbachscharte
Ingolstädter Haus
2119
Schönbichlalm
(verf.)
1863
Hirschwand
Eichstätter
Weg
Schäferhütte
(verf.)
1993
Schindlköpfgruben
1843
1912
Hirsch
Geigen
Hühnerköpfe
2089
Windbachscharte
Funtensee
Funtenseealm
Windbachkopf
2220
2357
Schindlkopf
Hamburger
Bründl
Zirbenmarterl
Jhtt.
1889
Viehkogel
2158
Steinernes Meer

0 500 m

Eiswinkel
Rinnkendlsteig
Palfenlahner
Ostwand
St Bartholomä
START
(keine Nächtigung)
St Johann und Paul
Eisgraben
446
443
E10
Burgstallgraben
Burgstallstein
1260
Burgstallalm
1837
10 (Var.)
412
Schrainbach
Schrainbachalm (verf.)
866
Holzstube
Mausalpeck
419
Hachelklause
Salzgrabenhöhle
Kastl
(603)
Reitsteig
494
Gotzental
1110
Seeaukopf
1505
493
Gotzenstein
1613
Seeaualm (verf.)
Im Reitl
Aussichtspunkt Feuerpalfen
Reitlgraben
1741
Warteck
Fallangr.
Brandgraben
Gotzenalm
1685
Klausbergl
1718
1704
1717
Nur für Geübte!
492
Kauner Holzstube (verf.)
Gotzenberg
Kaunersteig
Kleines Regenbergl
Reitweg
Kaunerwand
604
Saletalm (keine Nächtigung)
Mittersee
Talwand
613
422
424
Salet
Obersee
(613)
Sagereckwand
Sagereckstei
Nur für Geübte!
Simetsberg
1865
Sagereckalm (verf.)
Halsköpfl
Halsgrube
Halsalm (verf.)
1719
Walchhüttenwand
620
Fischunkelalm
424
Simetsbergalm (verf.)
Schwarzsee
416
Mooßscheibe
Scheibenwand
Walchhütte (verf.)
Hüttau
Kuhscheibe
2011
416 422
Grünsee
Himmelsleiter
1683
Glunkerer
Grünseealm
1599
Totenstein
Kronalm (verf.)
Bergwand
416
Wasseralm
1487
1932
Feldkogel
1886
Pflaumpalfen
1975
Ebenhorn
Kuhscheibe
1967
Kärlingerhaus
1631
Teufelsmühle
Feldalm (verf.)
1771
Stuhlwand
2376
Gemsscheibe
2152
Diensthtt.
Wasseralm (nur Sommer)
423
413
Stuhljoch
2448
Hochscheibe
2462
Stuhlgrabenkogel

15. Gotzenalm, 1685 m

Über den Kaunersteig zur Gotzenalm

Ausgangspunkt: Königssee, Anlegestelle Salet, 604 m | **Charakter:** Steilere und kehrenreiche Waldpassagen am Kaunersteig, dann bequemer und flacher bis zur Regenalm. Der Reitweg zur Gotzenalm ist ein fast ebener Höhenweg | **Einkehr:** Gotzenalm **Karte:** Kompass Nr. 14

Mittel | 12 km | 1080 hm 1080 hm | 6,25 Std.

Von **Salet** wandern wir ein Stück am Ufer entlang nach links, bis uns der Pfad rechts hoch in den Wald führt. Der erste Teil führt recht schattig, aber steil und über viele Holzleitern bergauf. Steilere Stellen sind auch mit Drahtseil versichert. Nach Querung einer Geröllhalde führt der Weg flacher wieder durch dichten Wald bis man nach rund 1,5 Std. die sonnige Hochfläche erreicht. Eine halbe Stunde später kann man an der **Regenalm** rasten. Nun geht es gemächlich auf dem fast ebenen Reitweg sehr aussichtsreich hinüber zur **Gotzenalm**.
Bei Nässe ist der Kaunersteig sehr rutschig und die vielen Holzstufen und -leitern sehr mit Vorsicht zu begehen.

Bild links: Die langen Holzleitern des Kaunersteigs verlangen trockene Verhältnisse und Trittsicherheit.
Bild rechts: Auch die „Zwischenstation" Regenalm ist ein sehr aussichtsreicher Rastplatz.

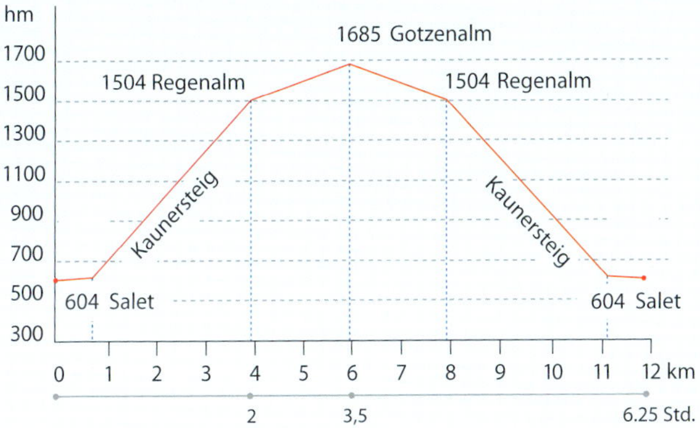
hm
1700
1500
1300
1100
900
700
500
300
1685 Gotzenalm
1504 Regenalm
1504 Regenalm
Kaunersteig
Kaunersteig
604 Salet
604 Salet
0
1
2
3
4
5
6
7
8
9
10
11
12 km
2
3,5
6.25 Std.

Kohlschlag
Falkensteinalm (verf.)
Nationalpark-Info
Kührointhütte 1420
Brentenwand
Archenkopf
Aussichtspunkt Archenkanzel
Archenwand
Mooslahnerkopf 1815
(Variante)
Rinnkendlsteig
Palfenlahner
Eiswinkel
Ostwand 616
St Bartholomä
(keine Nächtigung)
Johann und Paul
Burgstallgraben
Burgstallstein 1260
Burgstallalm
Schrainbach
866 Holzstube
Kastl
Salzgrabenhöhle
START
Saletalm (keine Nächtigung)
Mittersee
Salet
613
Sagereckwand
Sagereckalm (verf.)
Nur für Geübte!
Halsgrube
Halsalm (verf.)
Halsköpfl 1719
Schwarzsee
Moosscheibe
Walchhüttenwand
Obersee (613)
620 Fischunkelalm
Fischunkel
Wasserfall
Brustwand
Landtalwand
Regentiefe
Landtalgraben
Landtalalm (verf.)
Laafeldwand
Regenalm
Diensthtt.
Kleines Regenberg
Kaunersteig
Kauner Holzstube (verf.)
Nur für Geübte!
Gotzenberg
Klausberg
1704
1717
1718
Reitweg
Bärengrube
Rosengrube
Gotzenalm 1685
Warteck
1741
Aussichtspunkt Feuerpalfen
Gotzenstein 1613
Seeaualm (verf.)
Seeaukopf 1505
Im Reitl
Reitlgraben
Fallangr.
Brandgraben
Seewand
Gotzentauern
1858
Unt. Hirschenlauf
Mittl. Hirschenlauf
Abwärtsgraben
Gotzentalalm 1110
Reitsteig
Kessel
Kesselwand
Kesselbach
Im Echo
E10 (mit dem Schiff)
10 (Var.)
(603)
Königssee
Nasser Palfen
Büchsenkopf
Büchsenalm 1247
Diensthtt. Holzstube
Königsbach 1240
Wasserpalfen
Sillenköpfe
Prieberger Moos
Priesberg
Strubalm
1271
Königsbach
Nationalpark Berchtesgaden

0 500 m

Carl-v.-Stahl-Haus
1728
Torrener Joch
Obere Jochalm
1399
Alpenweitwanderweg
Königsbergalm
Schneibsteinhaus
1670
Die Stube
Untere Jochalm
1172
Fischbach
Bluntautal
Alpwinklalm
Lohmaishütte
Bärenwand
Ruckkarl
Königstal-A
Schlümlalm
Schneibstein
2276
Farrenleitenwand
1716
Königstalwand
Reinersberg
Rothspielscheibe
1940
Brenneteck
1960
2098
Windscharte
Windschartenkopf
Fahrt-
grube
Fagstein
Schlumkopf
2211
2204
1690
Hinter Schlumalm
(verf.)
2007
Blösing
Roßfeld
Schlumscharte
Grafschlümlalm
Jhtt. Eiblhöhe
1926
Hochseeleinkopf
2109
Bergwachthtt.
Hochseeleinscharte
1995
1890
(verf.)
Seeleinalm
Seeleinsee
N S G
Kalkhochalpen
Mandlhöhe
2049
Hochgschirr
1949
Kahlersberg
2350
2006
1995
H A G E N G E B I R G E
Kahlersbergalm
(verf.)
2082
Mitterhüttenalm
(verf.)
Lengtal
1881
Eisenpfad
Bärensunkschoß
2173
Bärensunkalm
(verf.)
Vorderer-
Lengtalschneid
2228
Schossenkopf
Nur für
Geübte!
2107
Mittlerer-
-Kragenkopf
Hinterer-
2131
Hochsäul
2073
2142
Stangenkopf
2144
Laubseelein
Bärwies
Laubseeleingasse
Roßfeld
2052
1952
Paradeisköpfe
Hochfeldköpfe
Hanauerlaubalm
1913
(verf.)
Bramersofenkopf
2131
2169

16. Fischunkelalm, 620 m

Kurztrip zum Obersee

Ausgangspunkt: Königssee, Anlegestelle Salet, 604 m | **Charakter:** Leichte Wanderung zum Obersee, bis zur Fischunkelalm ein leichter, teils wurzeliger Steig. Die höchste Stelle über Holzstufen ist mit Geländer und einem Drahtseil gesichert | **Einkehr:** Saletalm, Fischunkelalm | **Karte:** Kompass Nr. 14

Leicht | 5,5 km | 60 hm 60 hm | 2 Std.

In **Salet** wandern wir auf breitem Kiesweg rechts am Ufer entlang. Am Ende des Sees passieren wir das **Gasthaus Saletalm** und tauchen kurz darauf in den Wald ein. Wir überqueren einen Bach, gelangen wieder ins Freie und passieren nach wenigen Minuten rechts die Abzweigung zum Sagerecksteig. Geradeaus ist der Röthsteig ausgeschildert. Der Weg ist flach, läuft wieder auf den Wald zu und wenige Minuten später stehen wir vor einer Hütte am Ufer des **Obersees**. Wir halten uns

rechts und folgen dem schmäler werdenden Pfad, zuerst etwas wurzelig und felsig, dann wieder breiter und leicht erhöht am Ufer entlang.

Nach 45 Minuten erreichen wir direkt unterhalb von Felsen eine mit Holzstufen versehene Treppe, die, mit Geländer und Drahtseil gesichert, zum höchsten Wegpunkt hinauf führt. Schöne Ausblicke hinüber zur Fischunkelalm. Anschließend wieder über Stufen bergab, und schattig weiter bis zur Wegverzweigung, die rechts zum Röthsteig/Wasseralm weist.

Wir gehen durch das kurze Waldstück geradeaus weiter und erreichen in wenigen Minuten die **Fischunkelalm**, die am sonnigen Ufer des Obersees liegt. Zurück über den Hinweg.

Bild links: Die wunderschön gelegene Fischunkelalm am hinteren Ende des Sees.
Bild rechts: Rückblick kurz nach der höchsten Wegstelle am Obersee.

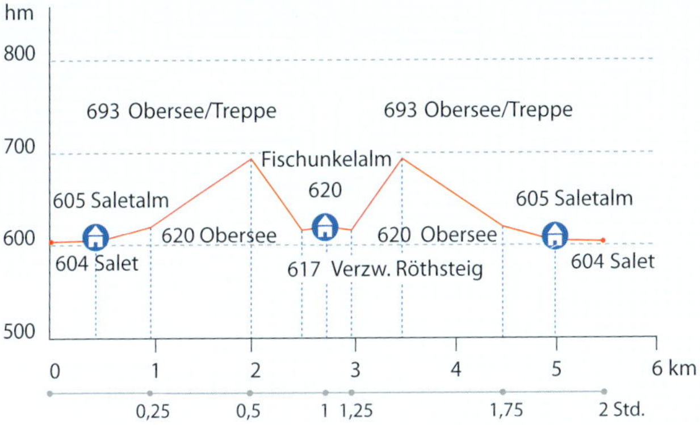
hm
800
700
600
500
693 Obersee/Treppe
693 Obersee/Treppe
Fischunkelalm
620
605 Saletalm
605 Saletalm
620 Obersee
620 Obersee
604 Salet
617 Verzw. Röthsteig
604 Salet
0
1
2
3
4
5
6 km
0,25
0,5
1
1,25
1,75
2 Std.

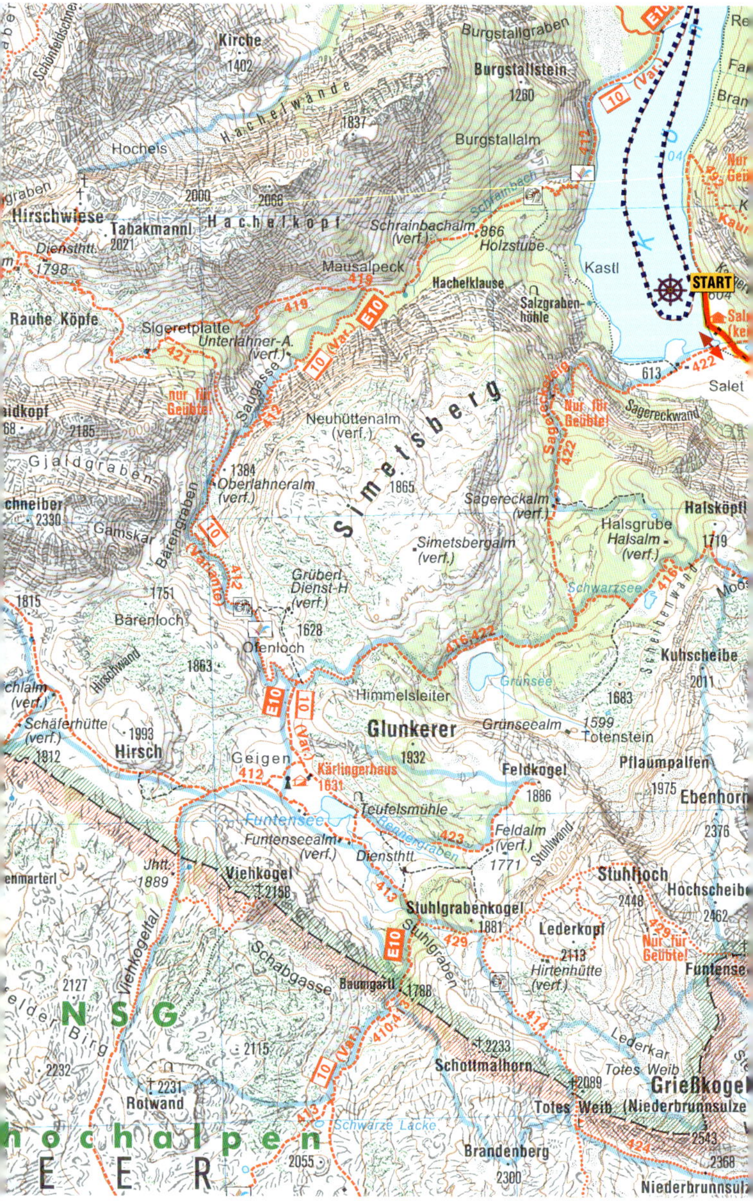

KOMPASS

0 500 m

Feuerpalfen
1741
Warteck
Gotzenalm
1685
Gotzentauern
1858
Bergwachthtt.
1890
Seeleinalm
Hochseeleinscharte
1995
Seeleinsee
Rote Wände
Bärengrube
Rosengrube
Hochgschirr
1949
Kahlersberg
2350
Klausbergl
1718
1704
1717
Gotzenberg
Reitweg
Laafeld
HAGEN
496
Holzstube
(verf.)
492
Kleines Regenbergl
Regenalm
Diensthtt.
493
Laafeldwand
Kahlersbergalm
(verf.)
Mitterhüttenalm
(verf.)
Eisenpfad
Bärensunkschoß
Talwand
Mittersee
Landtalalm
(verf.)
Bärensunkalm
(verf.)
Schossenkopf
2107
Nur für Geübte!
Regentiefe
Landtalwand
Landtalgraben
416
Obersee
(613)
Hochsäul
2073
Laubseelein
620
Fischunkelalm
Walchhüttenwand
424
Wasserfall
Brustwand
491
Laubwand
Hanauer Laubwand
2052
Hochfeldköpfe
Fischunkel
Hanauerlaubalm
1913
(verf.)
Bramersofenkopf
703
2147
Seilstattwand
Röthbach
Wildtörl
2038
Walchhütte
(verf.)
Hüttau
Röthsteig
Kronalm
(verf.)
Bergwand
(verf.)
Wasserberg
1487
Sonntagalm
(verf.)
Untere-
Röthalm
(verf.)
2201
Wildpalfen
2236
In der Röth
Diensthtt.
1416
Wasseralm
(nur Sommer)
Kuhscheibe
1967
Obere-
Eisgraben
Lehlingkopf
1767
Schabaualm
(verf.)
Gemsscheibe
2152
2067
(verf.)
2362
Großes-
Teufelshorn
2283
Kleines
Mühlebenwald
Schönfeldwand
Schloßanger
Hocheck
2230
Blaue Lache
Graskopf
2519
2139
Schloßkopf
Neuhütter
Leiterkopf
2369
Steinhütterl
Laubwand
2312
Lange Gasse
2182
Hinteralm
Rosentalhörnl
Mauerscharte
Alpriedlhorn
2517

17. Wasseralm, 1416 m

Über wilden Steig zu versteckter Hütte

Ausgangspunkt: Königssee, Anlegestelle Salet, 604 m | **Charakter:** Gemächliche Wanderung bis zum Röthsteig, dann folgt ein steiler, kehrenreicher und naturwilder Steig, im oberen Teil schöne Wald- und Almpfade | **Einkehr:** Fischunkelalm, Wasseralm
Karte: Kompass Nr. 14

Mittel | 13,5 km | 850 hm 850 hm | 6,5 Std.

Wir folgen wie bei Tour 16 beschrieben dem Weg zum **Obersee**, zweigen aber kurz vor der Fischunkelalm rechts ab zum Röthsteig. Zuerst durch Wald, dann über freie Almflächen streben wir dem Talschluss zu. Direkt vor uns der imposante Röthbach-Wasserfall. Im Wald geht es dann recht steil und kehrenreich nach oben, teilweise mit Drahtseilstellen.

Nach rund 1,5 Std. gelangen wir zur Verzweigung, die links über Landthal zur Gotzenalm weist. Nach dieser Wegverzweigung wird der Steig noch etwas felsiger und wilder, mit immer wieder schönen Tiefblicken. Wir steigen auf eine Felswand zu, durch die es in einer Rinne über Felsstufen einen schmalen Durchschlupf nach oben gibt.

Anschließend geht es weniger steil durch üppigen Wald, verfolgt wenig später einen Bachlauf und erreicht eine Hochfläche. Nach etwa 3 Stunden ist links unten die **Wasseralm** zu sehen. Hier ist auch die Verzweigung nach rechts zum

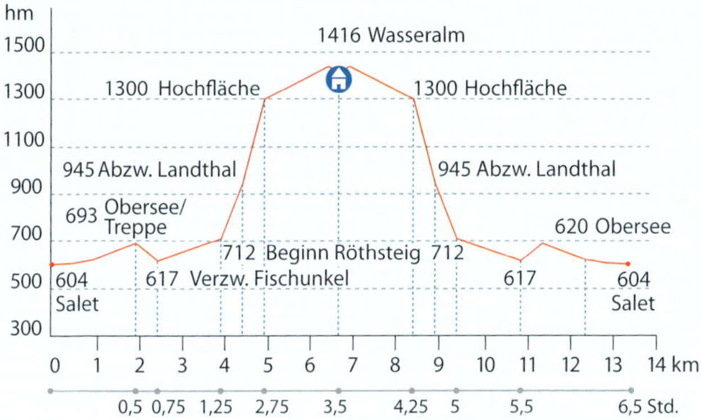

Halsköpfl/Funtensee und ein paar Meter weiter die Abzweigung nach Niederbrunnsulzen. Wir aber wandern gemächlich nach links in den Almboden hinunter zu unserer verdienten Einkehr.

Traumhaft schön gelegen: die Wasseralm. Bild links: Vom Röthsteig aus immer wieder zu bewundern ist der imposante Röthbach-Wasserfall.

Kirche
1402
Hachelwände
Burgstallgraben
Burgstallstein
1260
Burgstallalm
1837
Hocheis
2000
2066
Hachelkopf
Tabakmannl
2021
Dienstht.
1798
Schrainbachalm (verf.)
866
Holzstube
Mausalpeck
Hachelklause
Salzgraben-höhle
Kastl
START
604
Saletalm (keine
Nur für Geübte!
Höhe Köpfe
Sigeretplatte
Unterlahner-A. (verf.)
Saugasse
nur für Geübte!
613
Salet
Sagereckwand
Nuf für Geübte!
Neuhüttenalm (verf.)
Simetsberg
2185
Gjaidgraben
1384
Oberlahneralm (verf.)
1865
Sagereckalm (verf.)
Halsköpfl
Halsgrube
Halsalm (verf.)
1719
2330
Gamskar
Bärengraben
Simetsbergalm (verf.)
Grüberl Dienst-H (verf.)
Schwartzsee
1751
Bärenloch
1628
Ofenloch
Kuhscheibe
2011
Hirschwand
1863
Grünsee
Himmelsleiter
1683
Schäferhütte (verf.)
1993
1912
Hirsch
Glunkerer
Grünseealm
1599
Totenstein
1932
Pflaumpalfen
Geigen
Kärlingerhaus
1631
Feldkogel
1886
1975
Ebenhorn
Teufelsmühle
2376
Funtensee
Funtenseealm (verf.)
Diensthtt.
Feldalm (verf.)
1771
Stuhlwand
Jhtt.
1889
Viehkogel
2158
Stuhljoch
Hochscheibe
2448
2462
Stuhlgrabenkogel
1881
Lederkopf
2113
Hirtenhütte (verf.)
Nur für Geübte!
Funtenseetau
Viehkogeltal
Schabgasse
Baumgartl
1788
Stuhlgraben
2127
NSG
2233
Schottmalhorn
2115
Lederkar
Totes Weib
2089
Grießkogel (Niederbrunnsulzenkopf)
2232
2231
Rotwand
Totes Weib
Schwarze Lacke
Brandenberg
2543
2368
2055
2300
Niederbrunnsulzen

0 500 m

Feuerpalfen
Warteck
Gotzenalm
1685
Gotzentauern
Bärengrube
Rosengrube
Klausbergl
Gotzenberg
Reitweg
Holzstube (verf.)
Kleines Regenbergl
Regenalm
Diensthtt.
Bergwachthtt.
Seeleinalm
Seeleinsee
Hochseeleinscharte
Hochschirr
Kahlersberg
Rote Wände
Laafeld
H A G E N
Kahlersbergalm (verf.)
Mitterhüttenalm (verf.)
Eisenpfad
Bärensunkschoß
Bärensunkalm (verf.)
Nur für Geübte!
Schossenkopf
Vorderer
Mittlerer
Laafeldwand
Landtalalm (verf.)
Talwand
Regentiefe
Landtalwand
Obersee
(613)
Landtalgraben
Hochsäul
Laubseelein
Fischunkelalm
Wasserfall
Brustwand
Fischunkel
Hanauer Laubwand
Hochfeldköpfe
Hanauerlaubalm (verf.)
Bramersofenkopf
Laubseelein
Wildtörl
Walchhütte (verf.)
Hüttau
Seilstattwand
Röthbach
Röthsteig
Kronalm (verf.)
Bergwand
Wasserberg
Sonntagalm (verf.)
Untere-
Röthalm (verf.)
Wildpalfen
In der Röth
Diensthtt.
Wasseralm (nur Sommer)
Kuhscheibe
Gemsscheibe
Schabaualm (verf.)
Lehlingkopf
Obere-
Eisgraben
Mühlebenwald
Großes-
Kleines-
Teufelshorn
Schloßanger
Hocheck
Blaue Lache
Schönfeldwand
Neuhütter
Schloßkopf
Hahnegg
Leiterkopf
Steinhütterl
Laubwand
Lange Gasse
Rosentalhörnl
Mauerscharte
Alpriedlhorn
Hinteralm

18. Grünsee, 1474 m

Über knackigen Steig zu einem Naturidyll

Ausgangspunkt: Königssee, Anlegestelle Salet, 604 m | **Charakter:** Der Sagerecksteig ist steil und kehrenreich, mit vielen drahtseilgesicherten Holz- und Felsstufen. Bei Nässe nicht zu empfehlen! | **Einkehr:** Moosalm | **Karte:** Kompass Nr. 14

Mittel | 10,5 km | 750 hm 750 hm | 6,75 Std.

Von der Haltestelle **Salet** wandern wir am See entlang, passieren die **Moosalm** und steigen leicht ansteigend in den Wald hinauf. Der Steig verengt sich bald und bringt uns in engen Kehren und über viele Holz- und Felsstufen, die an entscheidenden Stellen mit Drahtseilen gesichert sind in etwa 2 Std. zu einer Hochfläche.

Nach einer flachen, üppig bewachsenen Almwiese erreichen wir die Verzweigung Wasseralm (links)/Kärlingerhaus (rechts). Wir halten uns rechts, steigen zuerst wieder etwas an, bis es dann flacher dahingeht. Der Steig führt zwischen Felsen hindurch, unterhalb einer Felswand und wieder ansteigend über weitere Holzstufen. Plötzlich sieht man den **Grünsee** vor sich liegen. Es sind nur wenige Meter, die man vom Weg nach links absteigt um ans Seeufer zu gelangen.

Zu empfehlen ist rechts einem nicht markierten, kleinen Pfad ein kurzes Stück aufwärts zu folgen, der zu einer großen Höhle führt,

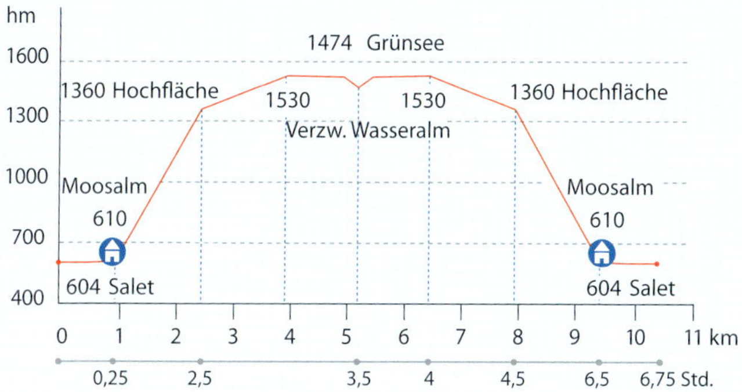

aus der man einen interessanten Tiefblick zum grün schimmernden See hat. Wer Zeit und Lust hat, kann beim Abstieg bei der oben genannten Verzweigung Richtung Wasseralm noch einen etwa 45-minütigen Abstecher zum Schwarzensee machen.

Herrlich eingebettet präsentiert sich der Grünsee. Bild links: Holzstufen erleichtern den Anstieg über den Sagerecksteig, sind aber bei Nässe gefährlich.

Wimbachgrieshütte
1327
(Variante)
Auf dem Gries
Seilergraben
Kirche
1581
Schönfeldgraben
411,421
Banngraben
Hirschwiese
Tabakmannl
2021
Diensthtt.
1798
Trischübelalm
(verf.)
Kirche
1402
Hachelwände
1837
Hocheis
2000
2066
Hachelkopf
Mausalpe
419
E10
10 (Var.)
Sigeretplatte
Unterlahner-A.
(verf.)
421
2229
Rotleitenschneid
411
Rauhe Köpfe
Graskopf
2094
2396
Hundstodkendelkopf
2210
Hundstodgruben
Gjaidkopf
2268
2185
2096
nur für Geübte!
Saugasse
412
Neuhüttenalm
(verf.)
Großer Hundstod
2593
Hundstodgatterl
2188
Gjaidgraben
1384
Oberlahneralm
(verf.)
Schneiber
2330
Gamskar
Bärengraben
10
(Variante)
2010
420
Grenzköpfe
1815
1751
Bärenloch
Grüberl
Dienst-H
(verf.)
1628
Ofenloch
Kleiner Hundstod
2263
Ingolstädter Haus
2119
Dießbachscharte
Schönbichlalm
(verf.)
Hirschwand
1863
Eichstätter Weg
Schäferhütte
(verf.)
1993
Hirsch
1843
1912
Schindlköpfgruben
Hühnerköpfe
2089
Windbachscharte
Geigen
Kärlingerhaus
1631
Funtensee
Funtenseealm
(verf.)
2357
Schindlkopf
E4
(alpin)
401
Hamburger Bründl
Zirbenmarterl
Jhtt.
1889
Viehkogel
2158
ERNES
412
Viehkogeltal
Schabgasse
Hollermaißhorn
2299
(Variante)
10
2112
Saalfelder Birg
2127
NSG
Schartenkopf
2308
Weißbachlscharte
2261
Wegscheid
2232
2115
2231
Rotwand
10 (Var.)
413
Hollermaißalm
(Jhtt.)
Weißbachl
Weißbachalm
1650
Kalkhochalpen
MEER
2055
0
500 m

KOMPASS

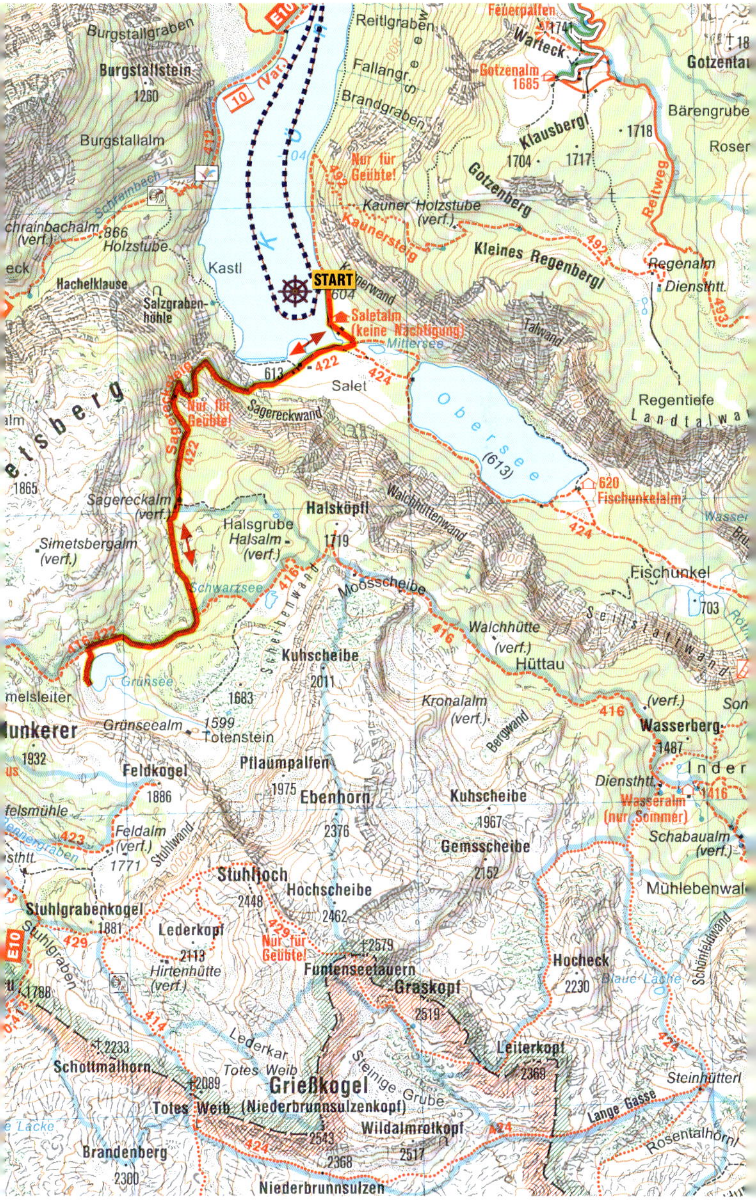
START
Saletalm (keine Nächtigung)
Nur für Geübte!
Kaunersteig
Sagereckwand
Sagereckalm (verf.)
Halsgrube
Halsalm (verf.)
Halsköpfl
Schwarzsee
Grünsee
Grünseealm
Totenstein
Obersee (613)
Mittersee
Salet
Fischunkelalm
Fischunkel
Walchhütte (verf.)
Hüttau
Kuhscheibe
Wasserberg
Wasseralm (nur Sommer)
Funtenseetauern
Graskopf
Stuhljoch
Hochscheibe
Ebenhorn
Gemsscheibe
Feldkogel
Feldalm (verf.)
Lederkopf
Hirtenhütte (verf.)
Stuhlgrabenkogel
Schottmalhorn
Totes Weib (Niederbrunnsulzenkopf)
Grießkogel
Wildalmrotkopf
Leiterkopf
Hocheck
Steinhütterl
Lange Gasse
Brandenberg
Niederbrunnsulzen
Burgstallstein
Burgstallalm
Hachelklause
Salzgrabenhöhle
Kastl
Gotzenalm 1685
Warteck
Klausbergl
Gotzenberg
Kleines Regenbergl
Regenalm
Kauner Holzstube (verf.)
Reitweg
Regentiefe
Landtalwand
Pflaumpalfen
Kronalalm (verf.)
Schabaualm (verf.)
Mühlebenwald

19. Halsköpfl, 1719 m

Feiner Aussichtsberg über den Königssee

Ausgangspunkt: Königssee, Anlegestelle Salet, 604 m | **Charakter:** Der Sagerecksteig ist steil und kehrenreich, mit vielen drahtseilgesicherten Holz- und Felsstufen. Bei Nässe nicht zu empfehlen! | **Einkehr:** Moosalm | **Karte:** Kompass Nr. 14

Mittel | 11 km | 1120 hm 1120 hm | 6,75 Std.

Wie bei Tour 18 beginnen wir unsere Wanderung in **Salet**, steigen über die steilen Kehren des Sagerecksteiges hoch, bis wir auf die beschilderte Verzweigung Richtung Wasseralm treffen. Wir verlassen nun den Weg Nr. 422 und folgen nach links der Markierung Nr. 416. Das Halsköpfl ist mit 1,5 Std. ausgeschildert. Es geht sehr schattig und moderat ansteigend auf einem Waldpfad hoch, bis wir bald den **Schwarzensee** erreichen. An dessen linkem Ufer führt an felsigen Platten und manchmal sehr feucht der Pfad entlang. Anschließend wird es etwas steiler, felsiger und kehrenreicher, bis wir nach einer Holztreppe einen Sattel und die Verzweigung erreichen, die rechts zur Wasseralm weist.

Der Anstieg zum Halsköpfl verläuft links, zuerst über Felsen, durch ein kurzes Stück Wald und dann über einen grasigen Rücken. Den kahlen und unscheinbaren Gipfel schmückt nur eine rohgezimmerte Holzbank.

Allerdings bietet das **Halsköpfl** nicht nur einen herrlichen Panoramablick zu den umliegenden Bergen, sondern einen fantastischen Weitblick über den gesamten Königssee und einen ebenso schönen Tiefblick auf die Anlegestelle Salet.

Der oft unangenehm feuchte Weg am kleinen Schwarzensee entlang. Bild rechts: Tiefblick vom Halsköpfl.

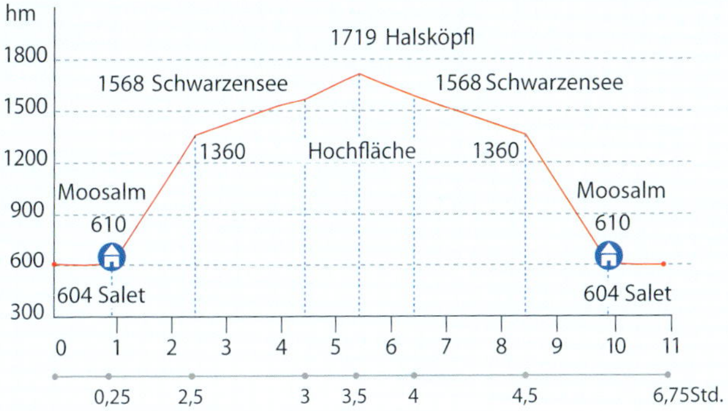
hm
1800
1500
1200
900
600
300
1719 Halsköpfl
1568 Schwarzensee
1568 Schwarzensee
1360
Hochfläche
1360
Moosalm
610
Moosalm
610
604 Salet
604 Salet
0 1 2 3 4 5 6 7 8 9 10 11
0,25
2,5
3
3,5
4
4,5
6,75Std.

KOMPASS

0 500 m

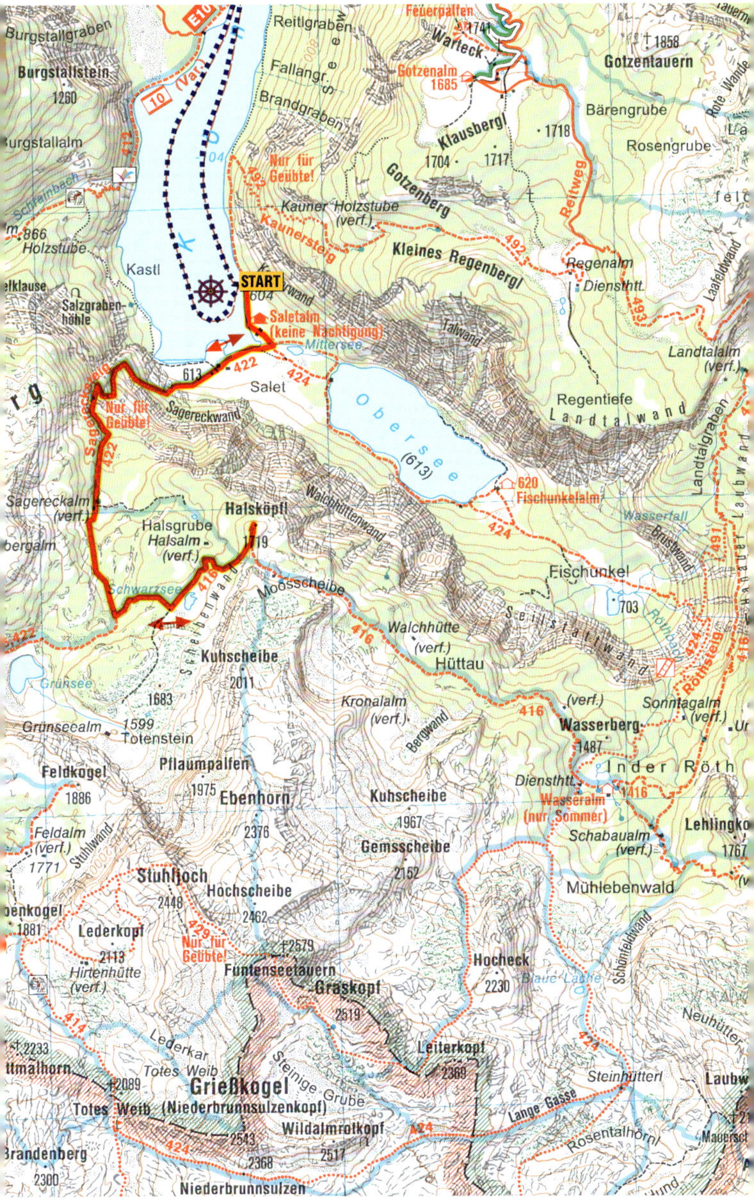
START
Saletalm (keine Nächtigung)
Nur für Geübte!
Obersee (613)
Mittersee
Salet
Halsköpfl
1719
Sagereckalm (verf.)
Halsgrube
Halsalm (verf.)
Schwarzsee
Sagereckwand
Sagereckstein
Fischunkelalm
Kauner Holzstube (verf.)
Kaunersteig
Kleines Regenbergl
Regenalm
Gotzenalm 1685
Feuerpalfen
Warteck
Gotzentauern
Klausbergl
Gotzenberg
Reitweg
Landtalwand
Landtalalm (verf.)
Regentiefe
Fischunkel
Walchhüttenwand
Moosscheibe
Walchhütte (verf.)
Hüttau
Wasserberg
Röthsteig
Sonntagalm (verf.)
In der Röth
Wasseralm (nur Sommer)
Schabaualm (verf.)
Lehlingkopf
Mühlebenwald
Kuhscheibe
Grünsee
Grünseealm
Totenstein
Feldkogel
Pflaumpalfen
Ebenhorn
Kronalalm (verf.)
Gemsscheibe
Stuhljoch
Hochscheibe
Lederkopf
Hirtenhütte (verf.)
Funtenseetauern
Graskopf
Hocheck
Blaue Lache
Leiterkopf
Steinhütterl
Lange Gasse
Rosentalhörnl
Lederkar
Totes Weib
Steinige Grube
Grießkogel
Totes Weib (Niederbrunnsulzenkopf)
Wildalmrotkopf
Brandenberg
Niederbrunnsulzen
Burgstallgraben
Burgstallstein
Burgstallalm
Holzstube
Kastl
Salzgrabenhöhle
Reitlgraben
Fallangr.
Brandgraben
Bärengrube
Rosengrube

20. Kärlingerhaus, 1631 m

Abwechslungsreicher Hüttenanstieg

Ausgangspunkt: Königssee, Anlegestelle Salet, 604 m | **Charakter:** Der Sagerecksteig ist steil und kehrenreich, mit vielen drahtseilgesicherten Holz- und Felsstufen. Bei Nässe nicht zu empfehlen! | **Einkehr:** Kärlingerhaus | **Karte:** Kompass Nr. 14

Mittel | 15 km | 1030 hm / 1030 hm | 7,75 Std.

KOMPASS INFO

Kältepol Funtensee
Weihnachten 2001 wurden am Funtensee -45,9 °C gemessen, die tiefste in der Bundesrepublik je gemessene Temperatur. Erklärbar ist dieser extreme Wert durch die besondere Lage des Sees: Er ist rings von Bergen umschlossen und liegt in einem Becken. Im Winter können die Strahlen der tiefstehenden Sonne hier kaum eindringen. In klaren Nächten strahlt die Restwärme ab. Da die kalte Luft nicht abfließen kann, bildet sich ein Kaltluftsee.

Wir starten in **Salet** und steigen wie bei Tour 18 beschrieben über den teils steilen Sagerecksteig hinauf zum **Grünsee**.

Wir bleiben nun auf dem schmalen Pfad und folgen den Markierungen zuerst relativ eben weiter. Aber bald geht es wieder über eine Steilstufe in Kehren hinauf. Bald darauf folgt ein zweiter Absatz, die so genannte Himmelsleiter, die in steilen Serpentinen überwunden wird. Der weitere Weg führt leicht ansteigend, dann fallend um den Fuß des links liegenden Glunkerer herum und

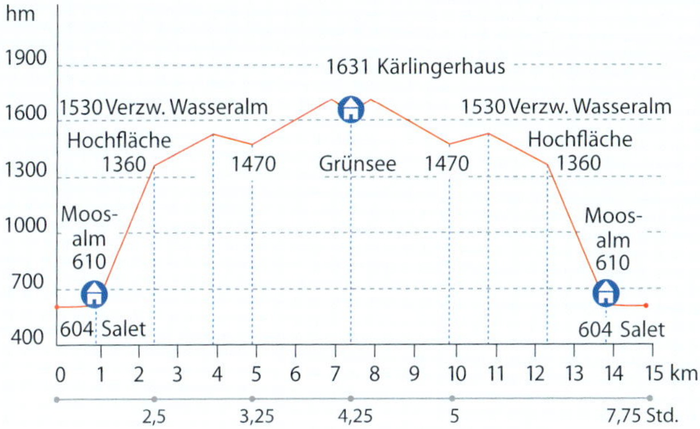

bringt uns zum Sattel, von wo wir unter uns den Funtensee und das **Kärlingerhaus** sehen.
Der Rückweg kann über den **Feldkogel** variiert werden, allerdings verlangt dieser Abstieg Orientierungssinn und Bergerfahrung. Etliche Stellen sind mit Eisenstiften versichert, die Markierung ist spärlich.

Schlechtwetter kündigt sich über dem Kärlingerhaus an. Bild links: Der Funtensee, direkt unterhalb des Kärlingerhauses.

KOMPASS

0 500 m

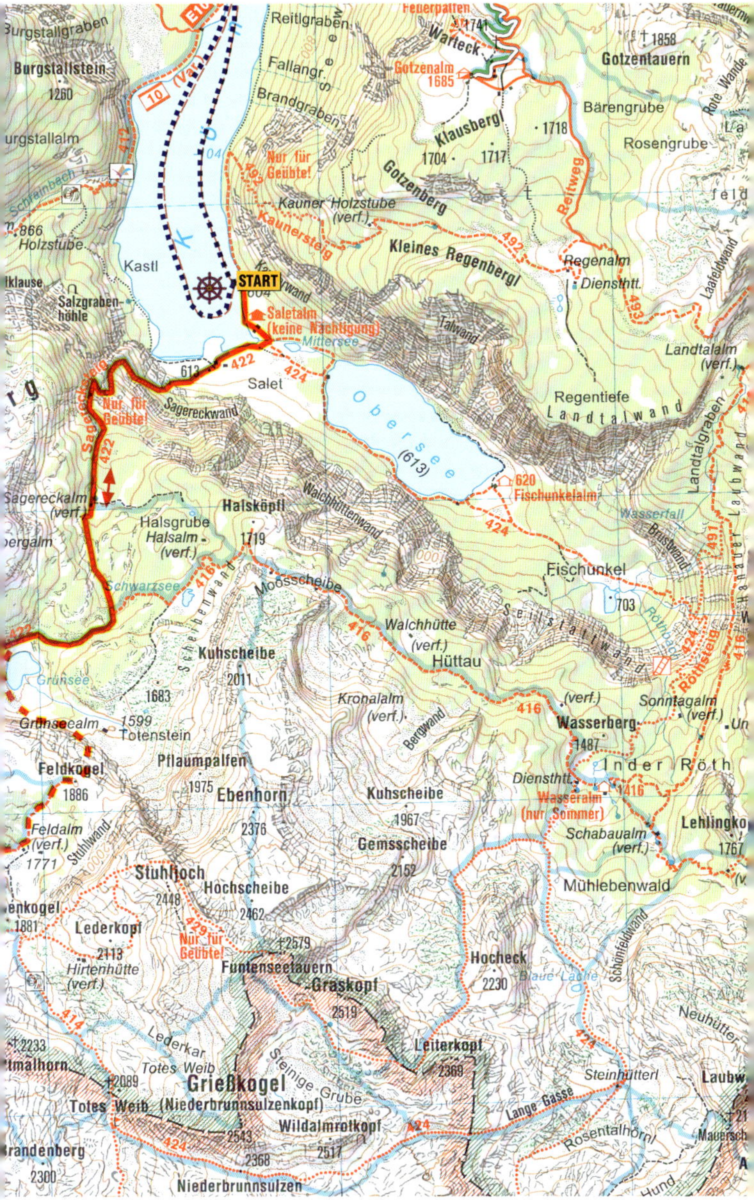

Burgstallgraben
Burgstallstein
1260
Reitlgraben
Fallangr.
Brandgraben
Feuerpalfen
1741
Warteck
Gotzenalm
1685
1858
Gotzentauern
Bärengrube
Rosengrube
Rote Wände
Klausbergl
1718
1704
1717
Nur für Geübte!
492
Gotzenberg
Reitweg
Kauner Holzstube (verf.)
Kaunersteig
Kleines Regenbergl
Regenalm
Diensthtt.
493
Laafeldwand
866
Holzstube
Kastl
Salzgraben-höhle
START
604
Saletalm (keine Nächtigung)
Mittersee
Talwand
Landtalalm (verf.)
613
422
424
Salet
Obersee
(613)
Regentiefe
Landtalwand
Landtalgraben
Sagereckwand
Nur für Geübte!
Sagereckalm (verf.)
Halsköpfl
Halsgrube
Halsalm (verf.)
1719
Walchhüttenwand
620
Fischunkelalm
Wasserfall
Brustwand
491
Fischunkel
703
Röthbach
Schwarzsee
416
Scheibenwand
Moosscheibe
Walchhütte (verf.)
Hüttau
Seilstattwand
Röthsteig
Kuhscheibe
2011
Grünsee
1683
Grünseealm
1599
Totenstein
Kronalalm (verf.)
Bergwand
Wasserberg
1487
Sonntagalm (verf.)
In der Röth
Diensthtt.
Wasseralm (nur Sommer)
1416
Schabaualm (verf.)
Lehlingko
1767
Feldkogel
1886
Pflaumpalfen
1975
Ebenhorn
2376
Kuhscheibe
1967
Gemsscheibe
2152
Feldalm (verf.)
1771
Stuhlwand
Stuhljoch
2448
Hochscheibe
2462
Mühlebenwald
Lederkopf
2113
Hirtenhütte (verf.)
429
Nur für Geübte!
2579
Funtenseetauern
Graskopf
2519
Hocheck
2230
Blaue Lache
Schönfeldwand
Neuhütten
414
Lederkar
Totes Weib
Steinige Grube
Leiterkopf
2369
2233
2089
Grießkogel
Totes Weib (Niederbrunnsulzenkopf)
Steinhütterl
Laubw
Lange Gasse
Wildalmrotkopf
2543
2517
Rosentalhörnl
Mauersch
Brandenberg
2300
2368
Niederbrunnsulzen
Hund

Index